錢罌的故事

楊維邦　鄭敏華　著

中華書局

序

序

嚴桂思
香港銀行錢罌收藏專家，
著有《香港銀行錢罌與儲蓄文化》。

勤儉儲蓄是美德，是維生之道，亦是興穩之道，富強之道。

三千多年前周文王訓誡武王要節儉不靡，文王說：「天有四殃：水、旱、饑、荒，其至無時，非務積聚，何以備之？……，有十年之積者王，有五年之積者霸，無一年之積者亡。」

春秋時魯國大夫御孫勸諫魯莊王說：「儉，德之共也；侈，惡之大也。」

唐太宗在《帝範·崇儉》向唐高宗李治指出：「夫聖世之君，存乎節儉，……斯二者（按：儉奢），榮辱之端。」

唐宋若莘《女論語·營家》訓誡道：「營家之女，惟儉惟勤，勤則家起，懶則家傾。儉則家富，奢則家貧。」

北宋司馬光《居家雜儀》中說：「制財用之節，量入以為出，……裁省冗費，禁止奢華，常須稍存贏餘，以備不虞。」

南宋倪思《經鋤堂雜志·歲計》中說：「儉則足用，儉則寡求。儉則可以成家，儉則可以立身，儉則可以傳子孫。」

明官吏溫璜之母親陸氏《溫氏母訓》中說：「假若八口之家，能勤能儉，得十口貲糧，六口之家，能勤能儉，得八口貲糧，便有二分餘剩。何等寬舒，何等康泰。」

明神宗期間，為官剛正的呂坤，其《孝睦房訓辭》中指出：「興家兩字，日儉與勤。」

明末朱柏廬《治家格言》（又名《朱子家訓》）中説：「一粥一飯，當思來處不易；半絲半縷，恆念物力維艱，宜未雨綢繆，毋臨渴而掘井。」

清康熙進士彭定求，其《治家格言》中説：「……，敗家子，錢如草……，勤儉好，無價寶，……。」

由上述觀之，歷代先賢，當然還有很多民間智者、仁者，都極力教誨、鼓勵中國人勤儉儲蓄；這美德思維代代相傳，彷彿每個中國人的脱氧核糖核酸（DNA）都存在着勤儉儲蓄的基因（gene）。

香港在 1950 年代末至 1980 年代初，可説是錢罌出現的高峰期，市面上的錢罌有來自坊間的，有機構贈送的，有銀行贈送的，一時間百花齊放，七彩繽紛。

究其原因：

一、 當時流通的錢幣（硬幣）計有五仙、一毫、二毫、五毫、一元、二元、五元等。在日常生活中，我們時刻需要使用硬幣，硬幣又利於放入錢罌內積存。

二、 那時代通脹率低，物價穩定，對小朋友而言，用了一年半載時間儲蓄了十多元甚或幾十元，已足夠購買心頭好了；錢罌是達到此理想目標的工具。

三、 使用如動物形、圓鼓形等不同形狀的錢罌儲錢，是那時代

小朋友的一種生活文化，很多小朋友會與他們的同學、親朋或鄰居比較，看別人有沒有儲錢、比較誰的錢罌漂亮、比較誰儲錢更多。

四、　企業機構為了爭取客戶和培養客戶，尤其是銀行業，以低廉價錢甚或免費贈送精美錢罌給小朋友，鼓勵他們自幼開設儲蓄戶口，因為小朋友長大後有機會仍然在其銀行開立戶口。

時移世易，上述四個因素都改變了，現時銀行的主要客戶對象已轉向「高端」客戶群，兒童儲蓄客戶已不是其業務的重要環節。

隨着電子支付工具日益發展和流行，硬幣的使用層面變得愈來愈狹窄，儲蓄了一批硬幣，日後也不知怎樣使用。物價日益上升，從錢罌中取出的金錢數目，已不能夠購買什麼了，「錢罌儲蓄」的鼓勵作用已完全消失，那年代小朋友的儲蓄文化今天已蕩然無存！

社會富裕了，硬幣不流通，今天的小朋友自幼習慣使用電子支付，因此在日常生活中，不只是硬幣，他們甚至甚少遇上紙幣，導致對「金錢概念」、「理財概念」都比較薄弱，「錢罌儲蓄概念」對他們來說更加是匪夷所思。

此書有詳盡的錢罌記錄，反映了那些年代的民生背景、儲蓄文化。今天，雖然錢罌已沒有了物質上的實用價值，但其「內涵」卻蘊含、積聚了中華民族數千年以來勤儉節約的美德！

在欣賞精美製作的錢罌時，希望腦海中能同時牢記先賢們的教誨。

自序一　出竅入竅話錢罌

楊維邦

大概在 1950 年代，香港人有一個習慣，就是每逢新年，都會給孩子購置一個錢罌（石灣最普及的那種瓦鼓形錢罌），用以儲起所得的利是錢，待年尾或有急用時，打破錢罌，取出積蓄來添置新衣物過年，或用作慈善捐款。由於錢罌製作的目的是準備打破之用，這種傳統式樣的錢罌大多不講究外觀裝飾，只有瓦鼓形及瓦豬仔兩種選擇，並提供大、中、小不同型號。

未幾，香港塑膠業興起，廠商推出不少塑膠產品供應市場，模仿傳統錢罌式樣的佔多數，很多錢罌在設計上仍然「有入無出」，所以當年出現了年尾「劏豬仔」之舉，將膠豬仔割開，以取出內裏金錢。這些塑膠玩具的外觀都是中國家庭喜歡的大紅色，因為是新年應用之物，售價都控制在小孩子購買能力之內，約需三幾毫子。除了內地及本港出品，日本的陶瓷儲蓄箱亦開始進入本港市場，最經典的樣式是各種紅郵筒，更多的是日本流行的卡通造型。由於造工及噴色亮麗，這類型的錢罌有很長時間充斥着各文具精品店。到了1960 年代初，本地多間大型銀行推出了吸引客戶開設儲蓄戶口的贈品錢罌，興起一股銀行錢罌熱潮，一時間，這些銀行豪華型錢罌成了本港家居廳堂上一個具身份象徵意味的擺設，大有全民儲蓄的趨勢，其中形成了幾個受歡迎的系列。

滙豐的紅屋仔大廈錢箱，一直是錢罌中的經典，連帶此大廈的

鉛筆刨及音樂盒，售價一直處於銀行錢罌前列。此外，普及的要算是恒生的銅合金系列，款式多而時間悠久，很符合香港人的生活品味。恒生最初推出此系列，客戶只須交若干按金，便可取一隻不附鎖匙的合金獅子回家，待儲滿時便攜到銀行，由櫃員小姐在統計數目後打簿交還，此系列的其中幾款特別稀少，今天已成銀行錢罌中難得的珍品了！

更為大眾廣泛認知及歡迎的，相信要數渣打迪士尼卡通系列，其中唐老鴨錢罌的贈送年期最為久遠，由 1960 年代至 1990 年代也有派發，版本眾多，特別是有一段時期以一元開戶作招徠，吸引了不少兒童客戶。讓人印象深刻的還有華僑資本的崇僑銀行系列，造型設計心思周詳，蘊含文化內涵。銀行錢罌在香港曾經非常普及，有段時間甚至有句流行諺語「銀行多過米舖」，皆因市民大眾須以俗稱「紅簿仔」的銀行存摺出糧之故。猶記得 1990 年代香港懷舊收藏初興起的時候，每朝早在港九各地天光墟地攤閒逛，都會發現每個攤檔總有五、六個舊錢罌，售價大概是五至八元之間，這些錢罌都是曾在本港家庭存放許久的棄置之物，大概在用過三十年後被丟棄，今天這些寶貝又成了大眾爭相找尋之物。

在九七回歸之前，大眾希望總結香港在英國殖民管治時期的生活特色，帶有時代色彩的古舊錢箱很快被推高至昂貴的售價，其中有利銀行的紅鯉魚、渣打銀行大廈、滙豐紅屋仔等具代表性的經典錢箱，都在罕有高價之列。此際欲想在市面尋找更古老的傳統錢罌，卻是難有途徑尋覓。一來，中式缸瓦錢罌多被打破毀棄，傳世量甚少；二來，此等廉價瓦器多被國人視作不值錢的粗物，很少被視作收藏品，古董店絕不收購買賣，可謂欲購無門。1990 年代中，筆者離開報

社，在摩羅街、好旺角中心開設懷舊物品店，比較留意各種舊物的買賣和收藏，其時互聯網開始流行，在網上找尋舊物較易取得突破性進展，當聯繫上一些有共同興趣的藏友，尋找到目標對象便有了可行的途徑。在求知欲的驅使下，筆者的收藏庫開始成形，一般在收入藏品時，都會向對方詢問出於何地及大約年代的資料（雖然這樣得來的資料並不可靠），但加上參考網上其他專家的研究成果及圖樣，對於我這個並不具備考古知識的門外漢仍是有很大幫助。

在好旺角開店期間，認識了本書的主要作者鄭敏華小姐，當年她已是專攻銀行錢罍的收藏家，她看中的都是一些較稀有的銀行錢罍，只是她收藏得還算克制，太昂貴的品種都只會來多看幾次。沒辦法，因為罕品連賣家其實也不大願意割愛。筆者其實不算是錢罍收藏家，圈中著名的銀行錢罍收藏家如嚴桂思先生、錢罍強兄可算是此方面的表表者，嚴桂思先生還早在 2002 年出版了《香港銀行錢罍與儲蓄文化》一書，整理本港銀行的錢罍體系及香港人的儲蓄文化傳統。

筆者亦於 2014 年春節期間，在將軍澳中心把一百多件古今錢罍藏品辦了一個「喜躍滿盈錢罍展」，得到各傳媒及市民極雀躍的反響。

在認識鄭敏華小姐的二十多年後，本人已退休，卻在好旺角的舊物店再次遇上鄭小姐，而且她的香港銀行錢罍收藏更為完整，經友人吳貴龍兄熱心推介下，萌生了出版此書的念頭。我亦有意向年輕的朋友介紹國人的優良傳統——「好天收埋落雨柴」，培養積穀防饑的儲蓄習慣。

自序二　銀行錢罌承傳的故事與人情

鄭敏華

回望我三十年尋覓銀行錢罌的征途，百般滋味在心頭。

自 1988 年大學畢業，我懷着一腔熱誠，投身社工行列。由於服務年青人，必須走得前、速度快，所以在別人眼中，我是活力滿滿的生力軍。初出道的少女，工作以外，應該喜歡「扮靚」，有豐富節目；我卻與眾不同，對舊物特別着迷，喜歡儲起兒時的物件，總想把家人打算棄掉的東西保留下來。

婚後有一天回娘家時，剛好碰見爸爸執拾舊物，找到一個重甸甸的恒生銀行武士錢罌。他特意送給我，我非常雀躍地伸手接過，並笑着説：「多謝爸爸！」這就是我收藏的第一個銀行錢罌，一直保留至今。

「小富由儉，大富由天」。儉，是最穩健的理財方式之一；勤加儉，是美德，亦是成功的關鍵。這與上世紀銀行為拓展服務推出各式錢罌，鼓勵市民大眾存錢儲蓄的想法不謀而合！

1930 年代，嫲嫲帶着六歲的爸爸偷渡來到香港，經歷了日本侵華的三年零八個月，爸爸當過小販、汽車維修、海軍、電工技師；每天勤勞工作，養活一家八口。小時候跟媽媽、姊妹一起穿膠花，幫補家計的情景，至今仍然印象深刻。我的父母十分節儉，經常教導我們不可先用未來錢，必須儲蓄以備不時之需。故此，於我而

言，收集錢罌更是別具意義。

我非常感謝我的丈夫。我們自 1991 年結伴同行，搬過兩次家，他從來沒有反對我收藏舊物，還樂意在大廳的最當眼處放置層架和組合櫃，讓我展示多年來的戰利品。他是一位勤奮的哨兵，每遇見疑似銀行錢罌的物體，都會即時通報。每次我倆到外地旅遊，他都會安排遊走跳蚤市場，希望帶給我新發現；而每逢農曆年廿八至年初三，到深水埗鴨寮街尋寶，已成為指定節目。

銀行錢罌收藏家以男性居多，在過往的尋寶過程中不時遇上以下反應：「第一次見到女士購買錢罌！」「傳聞有位錢罌皇后？」「鄭小姐，我們（資深行家）賜了你一個封號：錢罌皇后！」雖然實在過譽，我就本着對錢罌的熱愛，說好錢罌的故事！

每位收藏銀行錢罌的愛好者，都會聽聞過嚴桂思先生這位泰山北斗。筆者於 2002 年獲這位超級偶像相約見面，當時的我乍驚乍喜，會面的情景現時還歷歷在目，隨後更有幸借出一些銀行錢罌，並收錄在嚴先生出版的《香港銀行錢罌與儲蓄文化》中，而嚴先生贈我的親筆簽名版本，更一直珍藏至今。當時我已有一個願望，就是希望可以承先啟後，盡自己所能將銀行錢罌好好保存，並有系統地記錄下來，讓世人欣賞參考。

傳聞中的楊維邦先生，在眾人口中是神級的收藏家。一般人只能欣賞他的著作，難得見面。他和莊慶輝先生早年共同編撰了一本《香港玩具圖鑑》，筆者三年前得到朋友引見，當然抓緊機會，請楊先生和莊先生為我手中的《香港玩具圖鑑》簽名，料不到楊先生即席畫下渣打銀行的百寶鴨錢罌，令我的珍藏本變得更顯獨特可貴。

今次能夠與楊先生聯合出版錢罌書籍，既驚且喜，實在是不可多得的機會！

我每次尋得寶物，都喜歡向賣家查詢銀行錢罌背後的故事。為覓得心頭好「恒生銀行墨西哥少年」錢罌，我當年曾以一個多月的薪金，向一位行家以捆綁式買下十數個恒生銀行錢罌。由於傳聞這位行家很有性格，不喜歡議價，我唯有瀟灑地開出一張支票，但有誰知道當刻我心底怦怦直跳呢！

有一位由大屋搬細屋的太太，知悉我是銀行錢罌的愛好者後，如釋重負地將她爸爸留下來的恒生銀行寶塔錢罌交給我。又有一位先生面有難色，因為家人反對，不得不將多個錢罌出讓。另與一位收藏家惺惺相惜，重溫大家走過尋寶的時刻，並交換心儀的銀行錢罌。從幾位將離開香港的收藏家手上，接收他們戀戀不捨的珍藏；也有多位資深收藏家因為沒有接班人，經行家輾轉尋找有緣人。每次當我遇到心頭好，買到周轉不來的時候，總有一位好朋友會不問因由地幫我渡過難關。

凡此種種，都加深了我對藏品的感情。每一個美麗的錢罌，均承傳着一段獨特的故事和人情交往，我相信「尋找銀行錢罌的故事」還是會繼續寫下去的。

目　錄

/ 第二部分 /
銀行錢罌的故事　　鄭敏華

第 一 部 分

錢罌的歷史

楊維邦

香港所見的錢罌

　　香港在 1950 年代之前，還不算是個富裕的城市，一般父母都沒有給兒童零用錢的習慣，即使偶然獎勵，也只是最低消費的一毫錢，買包涼果或一件廉價玩具已花光，遑論儲蓄。倒是逢年過節或遇上長輩壽辰，長輩都會給晚輩利是錢，特別是在新春期間，習慣上會給兒童買個錢罌，把利是錢儲蓄起來，待年尾把錢罌打破，取出錢財購置新衣物。

　　這種儲蓄箱在石灣生產，十年一個模樣，為鼓形缸瓦器，大家通稱為「錢罌」。這件瓦器呈鼓形，平頂，頂部有浮雕淺花紋及投幣用的小縫。由於錢罌製作時，以瓦器將會被用家打破來取出金錢為前設，因此外形上多只略施薄釉點綴，浮雕花紋上通常寫有「積少成多」、「勤儉節約」等勉勵字句。這種錢罌既有大如湯碗，也有小若一個金飾盒，售價一般十分便宜。在缸瓦舖裏，鼓形錢罌常混雜在各種砂煲罌罉中間，丟得滿地都是。

　　除了瓦製鼓形款式以外，錢罌尚有較有趣的小豬、小鴨形，有些小豬錢罌保留了原來的瓦色，或髹上紅釉彩，也有較大型的施以彩繪及寫上吉祥語句，最大的可達尺許有多，大概是供人送禮用。據說，大的豬仔錢罌是從前店舖供員工放置店佣所用，待年尾便可打破，分佣回鄉度歲。還有一種燒藍綠高溫釉的瓦豬，自 1950 年代以後漸漸消失於市場上。香港人跟隨廣東叫法，把以其他材質製造的儲蓄容器通稱「錢罌」，若稱作「儲錢罐」、「錢箱」，別人同樣能夠明白。

早期石灣生產的鼓形錢罌。
高 120 毫米，重 599 克。

母親在我們兄弟還小時，為每人送上
一個傳統鼓形錢罌，還寫上每人的名
字，希望大家養成儲蓄習慣，最終只
有一個保存得完好無缺。高 80 毫米，
重 302 克。

傳統式樣的錢罌不講究外觀，但有不
同大小。十元、五元、兩元、一元、
五毫、二毫、一毫、五仙，排好隊等
入錢！

鼓形，頂面有禾穗及齒輪圖案，中間
田字形寫上「勤儉節約」，相信是解
放初期產物。撲滿上半部通常施棕色
釉藥。高 80 毫米，重 436 克。

錢罌的大小對比強烈，小的袖珍如玩具，不知道能儲下多少個一仙硬幣？大的一個高 950 毫米，直徑 80 毫米，重 314 克。小的一個高 35 毫米，腹直徑 75 毫米，只重 70 克。

這個細小如荷包的撲滿表面施有褐釉，並以幼凸線刻畫簡單花紋，下半部露出素胎。

年前我在廣州就鼓形錢罌詢問一個小販，該小販強調，現在小朋友用的錢罌都流行如唐老鴨等新形象，只是海外華僑仍不斷「落柯打」訂貨，才會繼續生產鼓形錢罌！

最早期的儲錢罐：缿、撲滿

中國古代稱存錢罐為「撲滿」，在更早的時期叫做「缿」。東漢許慎著的《說文解字》寫：「缿，受錢器也。從缶，后聲。古以瓦，今以竹。」唐人顏師古曾就「缿」字注：「若今盛錢臧瓶，為小孔，可入而不可出。」缿也有另一個意思，為古代官府收受告密文書的器具，南朝梁顧野王所撰的《玉篇 · 缶部》寫：「缿，如瓨，可受板書箋，令密事。」

「撲滿」一名，最早則可追溯至成書於東晉或漢朝的《西京雜記》，其卷五關於「鄒長倩贈遺有道」的故事記載：「撲滿者，以土為器，以蓄錢，具有入竅而無出竅，滿則撲之。」在西漢司馬遷所寫《史記》中，它還有其他別稱，如：錢筒、儲蓄罐、存錢罐、悶葫蘆罐，粵語則稱為錢罌。據考證，撲滿器形最早出現於秦，成熟於漢魏，興盛於唐宋，一直流傳至今。製作撲滿的材料多樣，有泥製、陶製、瓷製、竹製等。

古代文人騷客對撲滿多有稱道，留下不少名句。唐末齊己《白蓮集 · 撲滿子》曰：「只愛滿我腹，爭如滿害身。到頭須撲破，卻散與他人。」宋代陸游《自詒》曰：「寒暑衣一稱，朝晡飯數匙。錢能禍撲滿，酒不負鴟夷。」坊間也有跟撲滿相關的人情故事。唐

朝時，大中三年七月（849年）長沙道林寺利用釉色銘文燒於撲滿
上用作籌款化緣，上書五十八字銘文：「潭州准造道林寺，慕主施
二千五百人，各捨錢一千文，寫大藏經五千卷、經藏一函，舍利塔
一函，藏滿即略施同福，大中三年七月日，僧疏言白。福德藏。」

　　另有一則鄒長倩贈公孫弘撲滿的故事，正是上述提及的《西京
雜記》有所記載。漢武帝元光五年，公孫弘獲推舉為賢良方正，他
的朋友鄒長倩雖然家貧，但仍想送公孫弘三件東西作賀禮，包括自
己的衣服、鞋帽，又贈送一束青草、一緩素絲和一個撲滿，並附信
指「生芻一束，其人如玉」，「生芻」能解餵養牲畜的青草，意指像
青草那樣渺小，也可以活出美好如玉的品德。至於素絲，五條絲為
一緩，倍緩為升，倍升為緎，倍紀為緵，倍緵為襚，比喻一步步即
可積德立功，勿以善小而不為。最後的贈禮則是撲滿，文中指撲滿

早年的撲滿大都捏塑簡單，連
施釉的工序也省卻，只具儲蓄
功能，因最終的命運都是被擊
碎。但隨着時間發展，遇上地
位顯赫的人物也會有例外情
況，像這款撲滿整體結構緊
密，施醬色釉，其上還捏塑一
隻獅子，從獅子風格，可推斷
其製作年代為北魏。

關於這個褐釉站獅的錢罌，據
說前物主因撲滿在汶川地震受
損毀，才釋出到我手上來。

早年的鴨子錢罌，最細小的一個仿
如玩具。在魚米之鄉，放鴨子是常
見景象，以此形象塑造錢罌，讓用
家倍感親切。由細小如玩具到大大
的薄胎鴨子均為錢罌常見題材。

進入 1950 年代新世界，
高溫釉大肥豬迎來更寫實
面貌，釉色愈見豐富。

石灣製造，高溫釉燒製的
藍釉豬仔錢罌。

這隻薄胎大瓦豬，背脊燒
黃綠釉太極圖案，通體塗
大紅彩繪，相信是送人作
開張禮品之用途。

石灣民國綠釉大瓦豬，賣相有別於大紅
彩繪薄胎瓦豬，古樸與華麗對比強烈。

黑豬通體塗黑彩，四足站立狀。

上面只有小孔，可以把錢放進去，卻無法把金錢取出，因此撲滿聚滿錢財以後，只能將之打破。他就此寫：「士有聚斂而不能散者，將有撲滿之敗，可不誡歟？」意思是做官的人需懂得聚財和散財，否則只能落得有如撲滿破敗的結局。

1950 年代，自從內地的缸瓦豬仔錢罌停止生產，正值香港的塑膠業剛興起，市面除了鼓形錢罌以及各式豬仔錢罌，還有不少結合玩具功能的新型錢罌，分擔了古老錢罌的責任任務。與此同時，本港銀行業務興起，各大銀行紛紛推出新款錢罌，吸納家庭儲蓄用戶。這些錢罌通常製作精美，用戶開戶後只須繳付按金，即可攜帶錢罌返家進行儲蓄，待儲滿後攜回銀行結算，存入並記錄在儲蓄簿內，經過三十多年的積累，此等曾在家家戶戶廳堂存放過的老錢罌，又成了香港人的集體回憶，成為大眾的收藏對象。

一般來說，銀行錢罌的造型題材，都是按照銀行的發展方針及大多數香港人的喜好而設計，回顧此等老錢罌，等如重溫了當時人的生活史一遍。此等錢罌收集熱潮的興起，大概自 1980 年代末至 1990 年代初開始，在當時香港各區的天光墟攤檔（主要由老婆婆及婦女組成的街坊流動小販，從垃圾中撿拾可用的物品循環再用，可算得上是環保先鋒），每天都可看到人家棄置的錢罌三五個，價錢約為十元八塊，十分搶手。經過三十年時光洗禮，各家庭內的錢罌存品已丟掉得七七八八，又因懷舊物有價，市場上的老錢罌已被吸納，到今天已難再碰見此等現象，好錢罌以至珍品已是稀罕難求！

香港流行的錢罌，除了傳統式樣、恒生銀行的合金錢罌、渣打銀行的塑膠迪士尼卡通錢罌及其他各大銀行的出品外，更多是來自

進入 1950 年代，石灣陶豬錢罌停產，港產大紅膠豬接力取代，成為香港本土經典錢罌，一直到 2000 年後才停止生產。

1950 年代尚有生產的小型瓦豬，通體髹大紅色，不施彩繪，售價便宜。1950 年代，筆者在山貨排檔只看過這種小紅瓦豬仔錢罌一眼，便因停產而無緣再見。高 75 毫米，重 113 克。

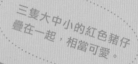

三隻大中小的紅色豬仔疊在一起，相當可愛。

瓦豬消失，膠豬復現。為何兩款豬仔錢罌都是大紅色？因為兩者都是為了供應新春市場而製作。另外，為了照顧小朋友的消費能力，錢罌體積細小。

彩繪的紅豬仔錢罌。在上世紀五六十年代
仍流行於本地兒童之間。曾見有鮮彩色的
豬仔錢罌，因帶錢不夠，失之交臂。

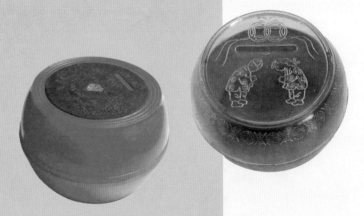

1960 年代，塑膠錢罌登場，缸瓦錢罌引退，
但仍有沿用鼓形造型，而且依然保持象徵吉
利的大紅色。全紅色的一個高 35 毫米，重 24
克。另一個高 60 毫米，重 24 克。

文具精品店的日本瓷製卡通造型錢罌，這是因為日本的漫畫文化普及，而且此等瓷器多數採用較先進的噴漆技術，色彩鮮艷，漆油不易剝落，因此能獨領風騷數十年。

收集古老錢罌的緣起

很久以前，看過《讀者文摘》一篇介紹世界各地錢罌的文章，知道古老錢罌的存在已有二千多年歷史。初期的錢罌大多以陶土捏造燒製，造型以糧倉、谷倉為主，大概都有積穀防饑的意識，也有一些以女性乳房造型為隱喻，歐洲也有製作如麵包形狀的，但大多錢罌外形卻像一個埕子，呈橢圓形，配手柄，相信是為了打破它而特意預備。這些錢罌都極少花成本在裝飾之上，由於從前的撲滿大多已被擊破，本身又是沒裝飾及價值之物，因比極少被保留下來。

想在古董店等商舖搜購錢罌不易。在收集舊物之始，我也曾嘗試找回記憶中 1950 年代見過的紅豬仔錢罌，結果 1980 年代在銅鑼灣怡東商場內的八寶店尋得一隻小紅瓦豬，偶爾也會碰上民國時期的瓦鼓小錢罌。後來才得知，內地的舊物店在收到古老錢罌時，由於佔地方又不賣錢，大都會撲破錢罌，看內裏有沒有值錢的銅錢。他們分辨銅錢真偽也很有辦法，如把銅錢倒在台板，有金屬聲響都是假的，像木般啞聲的才是真貨。在沒有收集渠道下，因此有很長一段時間在錢罌的收藏上交了白卷。

幸好中國人有視死人如生的信仰，認為人死後會在另一個世界繼續活着，因此便有以實物陪葬的習俗，漢以後更會以撲滿入土陪葬，希望先人在另一個世界也能有錢財積累，我們才得以見到歷朝

因跌破而斷為二截的迷你錢罌，
一個小銅錢依然靜躺其中。

從清末撲滿中
掏出的銅錢。

乳房形撲滿的變調，乳蒂部分成了
把手，褐釉增加其莊重感，入錢位
曾被擴大，以便倒出內裏銅幣。

早期的撲滿造型，有說像
谷倉、糧倉，喻意積穀
防饑。

用女性乳房作為撲滿造型題材，中外皆
有。大概儲蓄令人有安全感，乃人類的
共同感受，可讓人脫離飢餓與痛苦。

歷代曾出現過的撲滿。原來很多喜歡收集古陶瓷的朋友，他們手上
多會收集到一個半個陶瓷撲滿，當互聯網開始流行，他們發現有朋
友徵求撲滿，多願意釋出手上多餘之物，這一關口一旦突破，便收
集到來自四方八面的撲滿，開始見到來自各地的藏品實物。

　　至於該撲滿出自何方，只能按來源記錄，實非業餘喜愛者容易探
究。與比同時，網絡上亦多了不少研究學者發表心得，各地博物館也
有收藏及新發掘的藏品。而在眾多古董撲滿之中，竟發現早在二千年
前，有一個中國撲滿與龐貝古城出土的造型相近，因此希望花點時間
在這方面加以整理，望為時下年青讀者帶來有關各地錢罌的通識課，
認識到錢罌與儲蓄的深層意義，並繼承這重要的傳統美德：積少成
多，聚沙成塔。

這個在內地尋得的細小陶錢罌，結構跟歐洲龐貝古城出土的很相近，是巧
合還是捏塑時有實際需要？

古今特色撲滿

瓶蓋底部

瓶蓋蓋面

蓋上活門

1　此撲滿仿照存錢櫃模樣製成，存錢位特別寬闊，下有四足支撐，頂上刻畫出多個小格子，施深棕醬釉，有厚重感。

2　這個撲滿有三個特色。一，它有活動的瓶蓋，入錢孔開在蓋面上，蓋上後可把蓋以竹或木棍鎖好，待儲滿後，可開蓋倒出金錢再用，因此這款撲滿施以豪華的高溫釉，並以釉彩寫上文字標記。在瓶肩開光上寫有「謙」、「益」、「居」三字，在瓶肚留出的長方塊位置則寫上「進寶來」。此瓶乃是唐代風格。

3　此撲滿的特別之處在平頂位置，入錢位開在頂部，另設活門，可嵌入，用竹籤鎖上，儲滿時可打開活門取錢，循環再用。活門開在腹部下面。

4　平頂鼓形瓦錢罌，在宋朝時已現身，鼓釘繞頸部一圈，相對於圓頂更便於運輸。錢罌由圓頂進化至平頂，經歷了很長時間。

5　另一個宋代平頂錢罌，頂部釉藥由錢罌入錢縫處瀉走。高 95 毫米，重 314 克。

6　小號鼓形撲滿，表面有浮雕花卉並施黃釉，為兒童所用。高 95 毫米，重 314 克。

7　鼓形，頂部畫面為月夜樹下一書生，頗有詩意，設計古雅。高 50 毫米，重 70 克。

8　瓦鼓形，頂部為二人對奕圖，刻劃二人捉棋的情景。民國時期出品。

9　小型撲滿，頂部有鑽石及齒輪標誌，應是解放初期產物。高 45 毫米，重 103 克。

10　平頂上刻畫壽星與小鹿，以紅彩一圈作裝飾，有別於慣見的褐釉。

11　缽形平頂，頂部浮雕為狀元騎馬，營造春風得意的喜悅。高 60 毫米，重 202 克。

12　缽形平頂，頂部浮雕為嬰戲圖，活潑熱鬧，入錢位曾被擴大。高 65 毫米，重 202 克。

13 找到此撲滿時，撲滿已曾被撲破，取去內裏錢幣。但撲滿造型較特別，頂部表面塑成太極及八卦符號，宗教意味濃厚。撲滿整體素胎，但觀感並不單調。高 95 毫米，重 285 克。

14 這個撲滿利用頂部平面浮雕通花圖案裝飾，暗藏入錢位，雖施素色，卻不覺沉悶，在簡樸中顯變化。高 95 毫米，重 682 克。

15 此款鼓形錢罌的頂部平面為桃形圖案，施以紅綠彩繪裝飾。

16 由清到現代，鼓形錢罌上的圖案紋飾不斷變化，亦可由圖飾推斷其流行年代。水鴨應用在錢罌表面作裝飾，暗喻魚雁音塵少。

17 兩款超過六十年歷史的瓦鼓錢罌，其中一個乃本港製造。

<u>18</u> 形如小口瓶，入錢位開在腹部，通體施青釉，據説採集自少數民族地區。高 85 毫米，重 156 克。

<u>19</u> 形如塔，塔頂有尖髻，入錢縫開在塔帽之下，呈長方形，整體施青釉，有濃厚的宗教感覺。高 165 毫米，重 472 克。

<u>20</u> 此撲滿捏塑成佛塔形狀，分成五層，頂部似瓶口，以幾段弧線作裝飾，通體素灰色，入錢位設在肩上位置。高 210 毫米，重 739 克。

<u>21</u> 棗形撲滿，入錢位開在頂部位置，色彩可能經過破壞，已難還原本來面貌。高 130 毫米，重 634 克。

<u>22</u> 小鴨撲滿，猶如玩具，鴨身素胎，鴨背彩繪花紋。高 80 毫米，長 70 毫米，重 107 克。

<u>23</u> 最大的一款瓦鴨撲滿，通身施彩繪，入錢縫位開設於尾部。高 1,500 毫米，長 2,500 毫米，重 540 克。

<u>24</u> 小魚兒錢罌，既是玩具，也是錢罌，乃清代產物，靜臥於河底細砂中過百年。魚形小錢罌喻意有餘有剩，豐衣足食。高 80 毫米，長 80 毫米，重 44 克。

25　小魚背部開竅入錢，外施橙色釉，與其說是撲滿，更像一件玩具，讓孩子在玩樂中學曉節約之道。高 65 毫米，重 90 克。

26　與上一條魚的形態並不一樣，增加其生動好玩性。

27　牛耕田，馬食穀，儲大錢，齊享福。高 95 毫米，重 786 克。

28　高溫釉塑製大水牛，渾樸而給人壯健的感覺！水牛施青釉，簡潔樸實，富民間色彩，是很具民族性的產品。高 150 毫米，重 120 克。

29　黑白兩色大熊貓，很適合以瓷器塑製，十分醒目。熊貓白瓷施黑釉，正在吃竹葉，以此為題材的錢罌是到近代才豐富起來。高 130 毫米，重 397 克。

30　陶豬分兩種，一種薄胎豬仔，外施彩繪；一種施高溫釉，有藍、綠、褐等色彩。高 100 毫米，重 413 克。

31　豐盈孖寶喜發大財！高 140 毫米，重 510 克。

32　豬八戒吃西瓜，渾圓豐收好世界。高 120 毫米，重 466 克。

33　千萬不要把它餵得肥肥白白，否則便要變成燒乳豬啦！高 350 毫米，重 6 克。

34　招財進寶大福豬。高 110 毫米，重 661 克。

35　食吃小瓷豬穿肚兜，施淡青釉，其期望餵食之神態十分生動。整體有民族特色，乃台灣近年的出品。高 130 毫米，重 23 克。

36　烏金釉乳豬仔。高 85 毫米，重 341 克。

<u>37</u>　泥塑的公雞錢罌喻意吉祥如意。高 130 毫米，重 23 克。

<u>38</u>　由民間泥塑玩具演進成的泥塑錢罌，螺精發大財！高 115 毫米，重 427 克。

<u>39</u>　小小的一個羅漢亦可儲錢，莫嫌錢少，積少成多，終有一日亦能置富。高 60 毫米，重 38 克。

<u>40</u>　沙僧作盤坐式，入錢位設在頭頂，施醬釉，通體一色，大概是近代之中較早期的產品，入錢及取錢位設計得較為粗疏。高 150 毫米，重 208 克。

<u>41</u>　塑知足長樂雙童子，雙手捧如意鎖，上書「知足常樂」，鎖上為入錢口。高 150 毫米，重 364 克。

42　近代錢罌開始加入更多花款，可作裝飾擺設，且漸漸在設計時不把它限於一次性用途，底部改為活性橡皮膠塞，以便重複再用，毋須擇破才能取出錢財。高160毫米，重200克。

43　福祿齊來老壽星。高2,150毫米，重400克。

44　紅色硬膠鞋也成了儲錢之物，造型感覺和諧平和。高35毫米，重30克。

45　很早期已運港銷售的經典日本紅郵筒瓷器儲錢罐。小的一個高100毫米，重142克；大的一個高135毫米，重236克。

46　這個由海洋公園與無綫電視共同為了宣傳海洋公園開幕而送出的吊車形錢罌獎品，數量甚為稀少。車頂印上海洋公園標誌，台灣生產，入錢縫位很隱閉，位置就在兩扇車門之間。高2,000毫米，重300克。

47　國產娃娃儲蓄錢罐，底部暗碼開關可供兒童作算術遊戲。高200毫米，重380克。

來算算錢罌裏存了
多少個硬幣

48　1980 年代，無綫電視自行攝製《成語動畫廊》，熊貓博士、機械人 YY 等角色被坊間製成五款卡通錢箱。這款錢罌除可儲錢，頭頂還可插入電燈泡作中秋提燈，一物二用！

49　1978 年開設於銅鑼灣名店街的貓貓兒童屋，是一家道地生產兒童用品商店，售賣的衣服毛巾都印上王司馬設計的「牛仔」圖案，店內同時生產了兩款卡通錢罌——牛仔與貓貓，售價每個三十元，

這在當時算是昂貴。其後商店關門，牛仔錢罌在維園年宵攤位以九元散掉，至於貓貓錢罌則一直沒再見過。

2013 年，王司馬逝世 30 周年，在澳門瘋堂十號創意園舉辦紀念作品展，編場刊時想到為什麼從未再見這款貓貓錢罌呢？就在送展品到創意園的當天，順道探訪爛鬼樓倫哥的梳打埠，一進門便見到此錢罌混在一大堆公仔中間，於是撿出修補，正來得及跟牛仔錢罌一同展

出。王司馬生前曾談及並不太滿意此錢罌造型，希望日後親手再塑造一個，今天自然成了奢望。而舊有的牛仔錢罌一直是市場珍品，1990年代中曾作撮合，圓了一位牛仔粉絲的心願，當時交易價約為3,000元。

50　入鄉隨俗，來自日本動漫的蠟筆小新恭喜大家發大財。

51　1968年正牌出品的老夫子錢罌，雖殘破卻十分珍稀。

重看幾個本地製作的漫畫、卡通人物錢罌，想起香港歷來雖然出現過不少受歡迎的漫畫人物，但因為地小市場細，有幸被看中而生產成玩具錢罌的不多，因此不論正版或盜版，此類錢罌都顯得珍稀。

一些來自電視的節目卡通人物，會被製成官方宣傳贈品送出，同時市面亦出現一些以此為題材的盜版玩具，或在中秋節化身為燈籠以擴展銷路。市面出現盜版錢罌，都是因為廠家看到漫畫受歡迎而來的商機，卻付不起版權費用，這些盜版商品的出現，除證明漫畫受歡迎，亦令當年家貧的小朋友因而得到廉價玩具。老夫子的錢罌則是1968年由老王澤親手塑造原型，當年售價每個一元五角，筆者當年是等到處理價九毫子時，才在環球圖書的門市部購入，把這件錢罌放置在大廳的雪櫃頂上炫耀，直至一次劏開錢罌底部取錢後，因底部被破壞，難以把錢罌穩當放平，家人每次打開雪櫃門，都會令它倒下，最後被母親丟棄了。直至2000年後，才在好旺角商場內重遇這個錢罌，卻只得到半個，購回後重塑此像的下半部分，珍而重之。

第 二 部 分

銀行錢罌的
故　　　　事

鄭敏華

錢罌尋寶筆記

　　三十年來，每遇上一個又一個錢罌，總喜歡解讀其中蘊藏的奧秘，有些久聞其名，有些似曾相識，有些素未謀面。本部分收錄了來自九十間銀行或金融機構，共五百五十六個錢罌，又以來自香港的藏品為主。由於年代久遠和銀行業務變遷，追溯每個錢罌的故事殊不容易，但正因為這股搜尋和探索的勁道，讓銀行錢罌的愛好者樂此不疲！在尋寶大道遇上的各路英雄，不論是競爭者還是惺惺相惜的同行者，各有獨特的收藏喜好和尋寶圖。以下是本人的尋寶經驗分享，既是不少收藏家的共同回憶，亦可讓新加入的朋友打開時間錦囊，參考其中的一招半式。

尋寶路線

　　在上世紀互聯網未盛行的 1990 年代，是我收藏寶庫的第一個黃金十年！勤勞的我逢假期或周日定必配備大背囊展開搜索，第一站

是臥虎藏龍的上環摩羅街。大清早在店舖營業前便擺放的地攤就是尋寶樂園。由於隨時會被驅趕，買家只要還價便可促成交易。顧客不乏古董店老闆、拍賣行買手、摩羅街店主、資深收藏家……所以行走江湖緊記「舉手不回」及「眼明手快」！可惜後期因整頓市容，地攤的熱鬧景象便日漸失色，緊接就是開門營業的店舖。我喜歡和老闆打交道，同時蒐集舊物的故事，因為口述歷史彌足珍貴。一位已成家的兒子承接父親的生意，由街檔搬到店舖，目的就是守候老街坊和舊買家，等待機會回收他們的藏品，因為貨源是古董店最燙手的問題，文化承傳就是這樣一代傳一代！

第二站就是被評為法定古蹟，鄰近摩羅街的西港城。我除了遊走在各特色店舖，就是守候從新加坡帶貨回來的老闆。他每次拖着皮篋和皮袋走到攤檔位置，各路英雄都金睛火眼，虎視眈眈，因為每件貨一曝光就會被「秒殺」，爭奪的場面還經常發生。有一次到新加坡逛跳虱市場，誤打誤撞竟然闖進了這位老闆的古董店，真是大開眼界，其後老闆在好旺角中心開店，並營業至今，多謝老闆還記得當年我這個蹦蹦跳的小丫頭！

第三站是常有老舊寶藏的深水埗鴨寮街。我擠身在水洩不通的排檔和地攤，並萬分感謝每一位拾荒者，他們絕對是保存舊物的幕後功臣。一個身高五呎、只有一百磅的女子，需要在以男士為主的人群中鑽身，絕對不容易。我有一個從未公開的經歷：我曾經被幾位爭奪貨品的男子推跌在一堆不鏽鋼器皿上，擦傷手臂，無人理會，唯有貼上膠布，繼續上路。近數年的年廿八至初三，地攤再熱鬧起來；懇請各方人士高抬貴手，讓這個極具特色的文化寶庫可以存活！

2019 年的深水埗

　　第四站是匯聚各路藏品的好旺角中心。郵票、錢幣、瓷器、酒辦、玩具、紙品、雜貨……分佈在三個樓層的數十間小店，我必須攢出時間，恭敬地跟各位老闆拍照「打卡」，讓他們留下印象，累積感情分數；老闆自然願意展示錢罌，傳授揀選秘訣、判別真偽竅門。關鍵時刻當然是不惜以口袋中餘下的資金，買去心頭好。那份如獲至寶的激情和脹爆的大背囊，就是忙活了大半天的收穫！

　　進入二十一世紀，智能手機開始普及，舊物分享網站和網上買賣平台興起，令二手店的傳統營運模式起了翻天覆地的轉變，讓我

的收藏寶庫進入第二個黃金十年。往後的日子，因緣際會，更從多位資深收藏家接收他們的珍藏，令我的收藏寶庫昂然進入了第三個黃金十年 。

鑑賞攻略

如沒有細心留意過錢罌，可能會以為這些瓶瓶罐罐，除了用作儲蓄，便沒有什麼特別之處。然而，綜觀歷年不同銀行、機構推出的錢罌，錢罌外形其實千姿百態，既有動物、建築、物件，亦有人物、卡通，甚至神仙等，連製作物料、結構以至打開方法等，都各有不同。若有相似，則尚有其他細節可辨，亦反映了當時的風氣和喜好，猶如玩「找不同」的遊戲。

每件戰利品得來不易，只要仔細觀察它們的形態、造工、物料、質感、色澤，以至考證它們的出處等，自會找到每個錢罌的特色和故事，使人樂在其中，欲罷不能。現在介紹五個鑑賞錢罌時可特別留意的細節。

細節一：文字和外形

一些銀行會將儲蓄概念和業務內容融入錢罌設計，包括文字及外形兩方面，錢罌亦是追尋銀行故事的第一手材料。從錢罌上的文字，可以看到銀行的理念、所處社會氛圍，以至當年的地址、利息等；從外形上，則看到銀行總行建築物的設計或當時流行的事物等。

例子 1

上海商業儲蓄銀行儲蓄盒

金屬儲蓄盒一面寫上「平民生計　首重儲蓄　日積月累　自然充足」、「匙存本行隨時可來開取」、「A Good Bank Account Is Real Independence」。另一面寫上「上海商業儲蓄銀行在寧波路九號」、「儲蓄存款隨時可取」、「儲蓄存款常年四厘」等，並配以總行建築物的圖案。整個設計展示了一間銀行的外形、宣傳理念、存款利息等。

例子 2

遠東銀行地球儀儲蓄盒

金屬地球儀的南北中線寫着「Save More To Be Safe」，底座部位寫「遠東銀行有限公司」和「Far Eastern Bank Ltd」。北極圈上可放置「隨時準備升降」的小飛機，寓意儲蓄致富便可以坐飛機環遊世界。早年坐飛機相當奢侈，可說是一種身份的象徵，也是吸引顧客儲蓄的誘因。

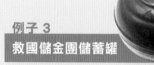

例子 3

救國儲金團儲蓄罐

電木儲蓄罐正面外圍鑄有凸字「儲金救國」及如意紋，中間鑄有凸字「國幣」及布幣圖案，布幣是中國春秋戰國時期的貨幣。底部鑄有「優等國貨」、「公一電木工業社出品」、「NO.701」及「Made In China」。1915年1月18日，日本政府向中國提出二十一條要求，舉國譁然。「救國儲金團」於4月7日成立，由此可見當時各界欲協力保衛國家，堅決不當亡國奴的社會氛圍。

例子 4

郵政儲金匯業局儲蓄罐

金屬罐正面鑄有凸字「郵政儲金　穩固便利」、「郵政匯兌　簡捷省費」、「簡易壽險　防老安家」等字樣，底部鑄有「筒內儲款可持向附近郵局開放存儲」。儲蓄罐以郵箱外形呈現在郵局存錢的概念，字句則表示了除存錢外，還提供匯兌、簡易人壽保險等服務。

細節二：錢罌的結構和打開方法

　　初出道收藏錢罌的時候，滿以為每個錢罌都有錢幣入口槽和底蓋，還遇上不少錢罌的底蓋被破壞了，因為這是用家取回內裏金錢的最快方法。有些錢罌因其獨特的錢幣入口槽和打開方法，令不少人士誤以為它們是玩具而錯過。

例子 1
遠東銀行金鼠錢罌

錢幣入口槽隱藏在小嘴，扭開頭部便可以取回儲蓄。

例子 2
中國工商銀行豬先生錢罌

錢幣入口槽隱藏在豬嘴，揭開底部蓋掩便可取回儲蓄。

例子 3
永亨銀行豬先生錢罌

錢幣的入口槽設在帽子頂，將帽子拔開便可以取回儲蓄。

例子 4
崇僑銀行運財童子錢罌

錢幣入口槽在手抱肥豬的背部，扭開孩童的頭部便可以取回儲蓄。

細節三：凸字

部分錢罌雖然源自不同銀行，但外形相似，甚至可能是以同一款模具製作。我們可以凸字鑄上的銀行名稱來分辨來歷，如不細察凸字，容易誤以為是同一間銀行的出品而錯過。

例子 1
天壇錢罌

南洋商業銀行、金城銀行與新華銀行的天壇錢罌，天壇正面的第二層以凸字鑄有銀行名稱。

1　南洋商業銀行
2　金城銀行
3　新華銀行

例子 2
守護雄獅錢罌

廣東省銀行（左一、左二）、浙江興業銀行（左三、左四）與新華銀行（右一、右二）的守護雄獅錢罌，錢罌底部正面以凸字鑄有銀行名稱。

例子 3
母雞錢罌

廣安銀行、華聯銀行與馬來亞銀行的母雞錢罌，母雞兩旁以凸字鑄有銀行名稱。

1　廣安銀行
2　華聯銀行
3　馬來亞銀行

細節四：錢罌底蓋的鉛粒

錢罌除了以鎖匙開關，早期的錢罌底蓋是以鉛粒金屬線封口，若要取回儲蓄，需到銀行剪開金屬線打開底蓋，並再重新封上鉛粒，才讓客戶取回家再儲蓄。因此看舊錢罌時，留意鉛粒是否完好，也是趣味之一。部分鉛粒會壓印上銀行的簡稱，如有利銀行的錢罌。

筆者多年前從市場購得由德國飽曼（Baumann）製造的鉛粒壓字工具，可以壓印「HSBC」字樣。

例子 1
有利銀行鯉魚錢罌

錢幣入口槽設在鯉魚背鰭下，魚肚設有蓋掩，以鉛粒金屬線封口，剪開金屬線，便可以向魚尾方向移開。鉛粒印有「MB」，代表 Mercantile Bank。

例子 2
渣打銀行第二代唐老鴨錢罌

圓形蓋掩在底部，以鉛粒金屬線封口，鉛粒印有「CB」，代表 Chartered Bank。

例子 3
華僑銀行福祿壽三星錢罌（彩色）

錢幣入口槽在福祿壽三星背後，若要取回儲蓄，必須先剪斷座底的鉛粒金屬線，將三星拔離台座。

細節五：錢罌的物料

筆者收藏約一百八十個於 1960 年代至 1990 年代的金屬錢罌，據多位收藏家和商販的經驗，估算物料主要是「亞鉛」，熔點低並易燒損，可塑性高，但易凹和裂，表面可漆上顏色或電鍍上色，所以評鑑錢罌的時候，色彩和品相的完美程度同樣重要。他們修補錢罌時，發現加熱會變形、大力撞擊會破裂、擦除表面氧化的黑點只會令品相更壞。保養錢罌的方法是減少接觸空氣，可以用膠袋、報紙包裹，而筆者用收縮膠封存的錢罌，二十年後品相仍然良好。

1970 年代起，塑膠逐漸取代金屬作為製造錢罌的物料，筆者收藏約二百九十個塑料錢罌，存放位置要避開陽光照射，以免造成破裂和褪色。如果錢罌有靈活裝置的配件，就比較容易遺失。筆者特別注重人物、卡通、動物的面相完美程度，「破相」和「缺失底蓋」都是錢罌大忌。

收藏品中還有三十三個陶瓷、三個紫砂、兩個木和一個電木錢罌，因為容易損壞，所以必須小心處理，謹慎收藏。曾試過在運送途中打開包裝時跌爛錢罌，真是心如刀割！親手令心尖至愛破損，是收藏家的最痛！

保養錢罌方法

用收縮膠封存，
減少接觸空氣。

例子 1

恒生銀行墨西哥少年錢罌

在整個金屬外殼髹上鮮明的顏色。筆者曾聽聞有人誤以為它是石膏製造,所以流傳不多。

例子 2

恒生銀行「智多 Kid」豬仔錢罌

主要以塑膠製,但坐在豬仔上的「智多Kid」裝有磁石,以便穩坐在豬仔錢罌上。

例子 3

國際商業信貸銀行三陽開泰錢罌

瓷器燒製,色彩鮮明,底蓋則為金屬。

銀行錢罌百態

打從爸爸送贈的恒生銀行武士錢罌開始，筆者便着手搜羅各銀行的金屬錢罌，其中二十三個是 1920 年代至 1960 年代銀行送贈客戶的金屬儲蓄盒，外形有圓、長方形和橢圓的，堅固實用，並鑲有金屬片鑄有銀行名稱、商標及宣傳字樣，其中九個是美國製造，十個刻有編號，十個有原裝鎖匙可以打開底蓋。

2017 年，曾在深水埗鴨寮街遇上一位非常有頭腦的商販，出售「慶祝中國銀行成立廿周年 1912-1932」金屬公雞和母雞儲蓄箱，售價港幣 2,500 元，但疑似在底蓋以電腦刻字和有做舊痕跡，儲蓄箱上也沒有銀行商標。後來得知這位商販最近仍涉嫌以這種經營手法，蒙騙不知情的買家！

經過多年努力，筆者收藏的一百八十九個不同銀行於 1960 年代至 1990 年代送贈或售予客戶的金屬錢罌，造型主要包括動物（九十五個）、人物（二十四個）、建築物（二十一個）、運輸工具

（十一個）、書本（十個）、玩具（九個）、禽鳥（九個）和罐（七個），以動物造型最多。這些錢罌造工細緻，並以凸字鑄有銀行名稱、商標及其他宣傳字樣，它們的製作物料估計主要是「亞鉛」。另外，不知大家有否發現恒生銀行的亞鉛錢罌雖然是日本製造，過去十年筆者多次遊走日本各地的跳蚤市場，卻未有遇上。

1970 年代起，隨着製造錢罌的物料由金屬轉為塑膠，不少銀行錢罌愛好者的寶庫添上豐富色彩。筆者收藏的二百九十一個塑料錢罌，造型主要包括動物（一百三十五個）、卡通（五十七個）、人物（四十三個）、夾萬和櫃員機（十三個）、文具和書本（十二個）、建築物（十二個）、球類和玩具（十一個）、商標和貨幣（七個）。其中的四十九個硬膠傳世較少，如有利銀行鯉魚錢罌、法國東方匯理銀行駿馬錢罌、廣東省銀行大豐收錢罌、渣打銀行熊貓錢罌和荷蘭銀行駿馬錢罌，相信因為時代比較久遠，而且容易破爛。此外，收藏品中還有三十三個陶瓷、三個紫砂、兩個木和一個電木錢罌，造型有人物、動物、魚、吉祥物和罐。另外還有十四個科學黏土錢罌，造型有書本、建築物、球類、運輸工具，每一個都獨一無二。

綜觀這些層出不窮的銀行錢罌外形和設計，會發現它們除了出於設計者的創意，有時會因應時代發展、銀行經營方針和宣傳重點的改變，出現創新款式，當中也有一些主題是不同年代的錢罌設計者都喜歡採用，如動物，甚至十二生肖。

早期的錢罌設計較為簡單，常常是一個盒子、罐，予人樸實之感，部分把銀行的經營方針融入設計，像萬國郵聯儲蓄罐的外形是一個郵筒。另外，代表吉祥、成功等有正面含義的動物、人物，以

至象徵智慧和「書中自有黃金屋」的書本，也常被用作錢罌外形。錢罌設計也有不少採自銀行總行的建築設計，以往可能多把建築繪在錢罌上，後來則有如模型，愈來愈精細，如萬國寶通銀行大廈錢罌、渣打銀行大廈錢罌和滙豐總行錢罌便相當細緻。

為了增加吸引力，一些錢罌在設計上結合相架、筆筒、日曆、時鐘功能，如法國國家巴黎銀行便推出膠筆筒錢罌，取出紅色筆筒，即可取回透明膠盒內的儲蓄；又或香港商業銀行日曆圓筒錢罌，可扭動筒身上的膠環來組合日期，甚至如東亞銀行的一個兔寶寶時鐘儲蓄錢箱，在投幣的紅蘿蔔裝上石英時鐘等，都見心思。

電腦普及後，錢罌出現了一些跟往時截然不同的款式。如渣打銀行作為香港第一家採用電腦的銀行，曾特別推出電腦造型的儲蓄錢箱；又因應臨近千禧遇上的千年蟲問題，推出千年蟲錢罌。銀行更推出了一些加上電子化功能的錢罌，像恒生銀行推出的兩款「智多 Kid」錢罌，分別可錄音，以及在投幣時發出聲音，有此兩種功能，為錢罌增添趣味，吸引小朋友的目光。

還有一件有趣的事情，就是部分銀行的錢罌造型相近，或完全一樣，可能是因為當時的華資銀行參考了外資銀行的做法，或剛好引入了同一款歐美模具製作。細味不同銀行推出的錢罌造型、用料，可以發掘到很多有趣的蛛絲馬跡，或想像時人的巧思和眼光，亦可側看當時的社會氛圍和潮流。以下部分便為大家帶來橫跨不同年代、不同設計造型的錢罌。

 古韻猶存

如本書的第一部分所言，錢罌又叫撲滿。古時的錢罌沒有底蓋，錢裝滿後，將其敲碎取之，即謂「滿則撲之」，故此取名「撲滿」，外形多呈圓體，簡單古樸。錢罌外形在近代日漸變得花樣百出，但也有一些外形模仿了古時的撲滿造型設計。另外，上世紀初至中葉有不少錢罌以馬口鐵或金屬製，多呈罐或盒狀，顏色單一，僅務實地印上銀行名稱以至業務內容，給人踏實的感覺。由於物料及年代關係，手上此類錢罌多有鏽漬。

❶

1　救國儲金團儲金救國儲蓄罐

儲蓄罐正面外圍鑄有凸字「儲金救國」，中間鑄有凸字「國幣」及布錢圖案，布錢是中國春秋戰國時期的鏟形貨幣。儲蓄罐外圈是如意紋。底部鑄有「優等國貨」、「公一電木工業社出品」、「NO.701」及「Made In China」。儲蓄罐是電木製，高 54 毫米，直徑 77 毫米，重 26 克。

1915 年 1 月 18 日，日本政府向中國提出二十一條要求，舉國譁然。一名愛國人士投稿到《字林西報》，倡議儲金救國，各捐財產的十分一，以五千萬為目標，協力保衛國家為宗旨，專作武備之用，包括設立兵工廠、訓練海陸軍和振興國內工業。各區人士在三數日之間紛紛響應。4 月 3 日，救國儲金臨時通訊處成立。4 月 9 日，上海救國儲金會開始接收儲款，到中國銀行交款的人數眾多，此後多個省市都設立了儲金事務所。

2 大康銀行儲蓄罐

儲蓄罐是馬口鐵製，是銀行送給客戶的業務宣傳品，估算儲蓄罐是當時的兒童玩具，並印上銀行名稱以至業務內容。中國社會一直鼓勵培養兒童儲蓄習慣，過去的儲蓄箱都以陶土製作。據中國玩具收藏家兼鐵皮玩具生產商陳國泰寫的《中國小玩意》，1930 年代，馬口鐵被廣泛使用，中國玩具工業進入商品化和廣告促銷的年代，商家如銀行推出吸引兒童又具宣傳作用的鐵皮儲蓄罐。

大康銀行儲蓄罐上部印有靈犬圖、篆書「撲滿」、「大康銀行 Dah Kong Bank Ltd Shanghai」、「大康銀行 信託存款 利息優厚 保障穩固」、「大康銀行 總行寧波路信託部 亞爾培路」和「大康銀行特製」。下部印有其業務、「大康銀行服務社會扶助工商」、「上海華成印鐵製罐廠印製」、「林夢周設計」。錢幣入口槽

在頂部，底部蓋掩有鎖匙孔。

儲蓄罐高 64 毫米，直徑 90 毫米，重 69 克。現為上海市銀行博物館藏品之一。

3 中國工商銀行儲蓄罐

儲蓄罐採用紫砂材料，外形仿製大康銀行儲蓄罐，後者是上海市銀行博物館藏品之一。儲蓄罐身一面用篆書寫「撲滿」二字，另一面有蝙蝠雙線圖案，喻意有福有財。打開底部的膠圓蓋掩便可取出硬幣。儲蓄罐高 68 毫米，直徑 95 毫米，重 138 克。

4 郵政儲金匯業局儲蓄罐

郵政儲金匯業局儲蓄罐的「罐」如其名，呈郵筒狀。儲蓄罐正面鑄有「郵政儲金 穩固便利」、「郵政滙兌 簡捷省費」、「簡易壽險 防老安家」等字樣。底部鑄有「筒內儲款可持向附近郵局開放存儲」。

錢幣入口槽在正面上方，蓋掩和鎖口在正面下方。儲蓄罐以金屬鑄造，高 165 毫米，底部直徑 70 毫米，重 277 克。現為上海市銀行博物館藏品之一。

5　萬國郵聯儲蓄罐

儲蓄罐造型古樸，刻有「卜算子・郵政」、「盤庚始來鼓　雁迹寄衷腸　漢唐驛道承千年　科學發展昌　郵政路漫漫　信史心拳拳　郵政員工攜手　和諧譜新篇」和「萬國郵聯」字樣。儲蓄罐以厚膠製造，高 170 毫米，底部直徑 76 毫米，重 273 克。

6　中國工商銀行撲滿

撲滿採用紫砂材料，罐身一面刻有「中國工商銀行無錫分行」和銀行商標，另一面刻有篆書「撲滿」二字。罐身沒有開口，錢裝滿後，則將其敲碎取之，滿則撲之，故名「撲滿」，撲滿即儲蓄

罐。撲滿高 72 毫米，直徑 100 毫米，重 233 克。

7　中國工商銀行「奉茶吉祥」儲蓄罐

茶道一向是中華文化的精髓，中國工商銀行的「奉茶吉祥」撲滿以茶道為主題。按「奉茶吉祥」的單張介紹，銀行特別邀請國務院特殊貢獻專家趙佐良領銜設計「奉茶吉祥」，包含「吉祥餅」、「緣撲滿」、「天地盒」及「乾坤袋」。

「吉祥餅」靈感取自雲南省淇沅縣茶王山，其色沉、回味長；「緣撲滿」以撲滿為形，取天圓地方的深意；「天地盒」包含六面八角，配合外方內圓，比喻「天地合和」；「乾坤袋」袋身以貯麻織造，袋口如荷塘素蓮，有乾坤之量、有容乃大的寓意。打開儲蓄罐底部便可取回儲蓄。儲蓄罐採用紫砂材料，高 102 毫米，直徑 130 毫米，重 321 克。

8　**恒生銀行高鼎錢罌**

1976 年出品，凹凸有致的升龍、降龍、獸面圖、獅子、花朵、祥雲、編織紋、幾何紋和雲雷紋環繞鼎身。頂端外形仿如天壇的祈年殿，攢尖部分設有一根雷公柱，上有兩條升龍和兩條降龍；鼎的第二層有六爿高門，各有升龍兩條，合共十二條。鼎耳和鼎身均有編織紋、雲雷紋和花朵，鼎腹雕有四面獸面圖，鼎足則呈虎臉。高鼎置放在一個圓形底座，座面浮現三隻猛獅，編織紋、幾何紋、菊花、帶結等圖案環繞底座圓周。錢罌底座正面鑄有銀行齒輪狀的商標。

錢罌以金屬鑄造，高 278 毫米，長 105 毫米，闊 100 毫米，重 1,411 克。

9　**恒生銀行三足鼎錢罌**

1972 年出品，有金色、銅色和古銅色，三款鼎按鼎蓋的小獅、鼎身的團龍和銀行商標，位置略有不同。錢罌入口槽在頂部，蓋掩在底部，要用鎖匙開關。錢罌以金屬鑄造，高 140 毫米，重 642 克。

本節收錄來自十五家銀行的十九個儲蓄盒，聯合上演一幕幕銀行競賽和淘汰戰，看誰可以扭轉乾坤，見證歷史變遷！

自 1842 年在鴉片戰爭戰敗而簽訂《南京條約》，清廷割讓香港及開放上海等五個港口城市通商，上海於 1847 年出現第一家外資銀行，到 1927 年增至三十五家。十九世紀末至二十世紀初，隨着滬港兩地經濟發展蓬勃，華資銀行登上歷史舞台。1912 年，廣東銀行是第一家在香港創立的華資銀行，隨後共有三十多家本地華資銀行在香港相繼成立。但經過兩次世界大戰、1970 年代的經濟危機、1997 年的亞洲金融風暴、2007 年環球金融危機等衝擊，不少銀行先後經歷擠提、合併、倒閉或易手，在香港註冊的銀行由三十多家降至 2015 年二十一家，部分錢罌所屬的銀行，今已不存，留下錢罌作為曾經存在的證明。

如英商香港有利銀行的前身是印度倫頓中國三處匯理銀行，為最早活躍於香港和上海的英資銀行之一，1857 年在香港設分行，但在 1959 年被香港上海滙豐銀行收購，改名為有利銀行，後又先後被轉予美國萬國寶通銀行、日本三菱銀行，惟儲蓄盒留下了英商香港有利銀行的名字；又如前述的廣東銀行，在 1912 年成立，但於 1988 年已被美國太平洋銀行收購，更名為太平洋亞洲銀行，其後曾前後易名為美國亞洲銀行和美國銀行（亞洲），後者亦於 2006 年被中國建設銀行收購等等。銀行的發展幾經變幻，這些儲蓄盒留下它們最初的印記。

另外，本節收錄的儲蓄盒，有部分由美國、英國生產商製造，或許是當時華資銀行參考外資銀行經營手法的一點痕跡。

1　英商香港有利銀行儲蓄盒

帶有手挽的橢圓形金屬盒兩面鑲有圓形
銅片，估算是 1920 至 1950 年的製品，
上面均寫有「英商香港有利銀行」、「The
Mercantile Bank of India Limited」字樣。
此外，金屬盒一面寫上「皇后大道中七
號」；另一面寫上「金馬倫道四十六至
四十八號」。

底部蓋掩用鎖匙開啟，刻有「Mfrd by
Bankers Services Corp. New York Patent
No.776702 Patent No.915676」。

儲蓄盒（不連手挽）高 77 毫米，長 110
毫米，闊 59 毫米，重 440 克。

2　上海商業儲蓄銀行儲蓄盒

綜觀歷年藏品，這款上海商業儲蓄銀
行儲蓄盒或許是各銀行送給客戶體積
最細小的儲蓄盒。它一面寫上「平民生

計　首重儲蓄　日積月累　自然充足」、
「匙存本行隨時可來開取」、「A Good
Bank Account is Real Independence」；另
一面寫上「上海商業儲蓄銀行在寧波路
九號」、「儲蓄存款隨時可取」、「儲蓄存
款常年四厘」等，並配以總行建築物的
圖案。

現為上海市銀行博物館藏品之一。儲蓄
盒以金屬鑄造，高 14 毫米，直徑 51 毫
米，重 37 克。

3　浙江地方實業銀行儲蓄盒

帶有手挽的橢圓形金屬盒兩面鑲有銅
片，刻有「浙江地方實業銀行儲蓄部」
和「The Chekiang Industrial Bank Limited
Savings Department」。錢幣和紙幣入
口槽在底部，需要用鎖匙開關。儲蓄盒
（不連手挽）高 58 毫米，長 98 毫米，闊
51 毫米，重 211 克。

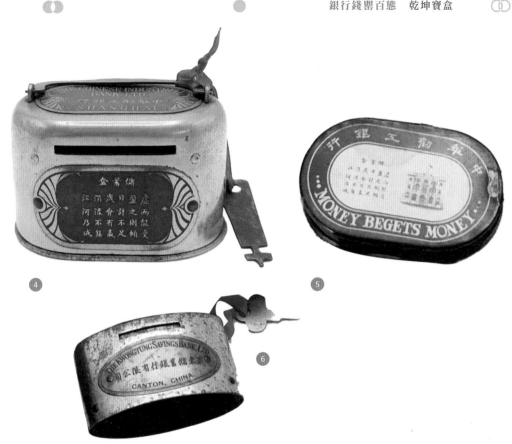

4　中華勸工銀行儲蓄盒（手挽）

儲蓄盒正面鑄有金句「虛而能受　盈之則傾　日計不足　歲會有贏　涓流不息　江河乃成」其中「日計不足，歲會有贏（餘）」，出自《淮南子・俶真訓》，原文為「是故日計之不足，而歲計之有餘」。更有趣是盒上的「歲會有贏」出現錯體，印成「歲會『冇』贏」，相信是造工有誤。

儲蓄盒頂部刻有「中華勸工銀行」、「The Chinese Industrial Bank Ltd. Shanghai」，需要用鎖匙打開底蓋，底蓋刻有「Stronghart Co. Chicago U.S.A. Patented」。儲蓄盒（不連手挽）以金屬鑄造，高 49 毫米，長 80 毫米，闊 51 毫米，重 173 克。

5　中華勸工銀行儲蓄盒

另一款中華勸工銀行儲蓄盒。正面印有「中華勸工銀行」、「虛而能受　盈之則傾　日計不足　歲會有贏　涓流不息　江河乃成」和「Money Begets Money」。另一面印有「The Chinese Industrial Bank Ltd. Shanghai」，需要用鎖匙打開蓋掩。儲蓄盒以金屬鑄造，高 15 毫米，長 83 毫米，闊 53 毫米，重 68 克。

6　廣東儲蓄銀行儲蓄盒

帶有手挽的橢圓形金屬盒正面銅片上鑄有「廣東儲蓄銀行有限公司」、「The Kwongtung Savings Bank, Ltd. Canton, China」。錢幣入口槽在正面上方，紙幣入口槽和鎖口在底部，需要用鎖匙開關，鎖匙上刻有「Moslerl」，是美國金融安保設備製造商。

儲蓄盒（不連手挽）高 52 毫米，長 80 毫米，闊 51 毫米，重 196 克。

中國建設銀行（亞洲）105 週年紀念銀章

廣東銀行是中國建設銀行（亞洲）的前身。這個紀念銀章正面圖案為建行（亞洲）商標，及「105 週年」字樣，背面圖案正是廣東銀行商標配以「源自廣東銀行」及「1912 年」字樣。紀念銀章由中國金幣總公司屬下中國長城硬幣投資有限公司監製，深圳國寶造幣有限公司製造。銀章含純銀 20 克，成色 99.9%，圓形，直徑 36 毫米。

7 工商銀行儲蓄盒

帶有手挽的橢圓形金屬盒正上方銅片鑄有「工商銀行」、「The Industrial & Commercial Bank, Ltd.」和編號 No. 1194。錢幣入口槽在底部，紙幣入口槽在左邊上方，需要用鎖匙開關。底蓋刻有「Patented: Dec 5-1911 Other Patents Pending Pat. Aug 8-1916 Made In U.S.A.」。儲蓄盒（不連手挽）高 61 毫米，長 96 毫米，闊 46 毫米，重 207 克。

8 中法工商銀行儲蓄盒

帶有手挽的長方形金屬盒正面鑲有金屬片，刻有「中法工商銀行」、「Banquet Franco-Chinoise」、「Pour Le Commerce Et Lindustrie」和儲蓄箱編號「5344」，底蓋刻有「C. G. I. C. Saigon Made in U.S.A.」等字樣。錢幣和紙幣入口槽在兩邊，蓋掩在底部，需要用鎖匙開關。儲

蓄盒（不連手挽）高 76 毫米，長 96 毫米，闊 46 毫米，重 304 克。

9 中孚銀行儲蓄盒

帶有手挽的橢圓形金屬盒正面鑲有金屬片，刻有「中孚銀行儲蓄盒」、「Chung Foo Union Bank」和編號 7265。錢幣入口槽在正上方，紙幣入口槽在底部蓋掩，需要用鎖匙開關。儲蓄盒（不連手挽）高 58 毫米，長 96 毫米，闊 48 毫米，重 237 克。

10 金城銀行儲蓄盒

金屬儲蓄盒蓋掩寫上「金城銀行」和「King Cheng Banking Corporation Head Office Tientsin」。金城銀行創立於 1917 年，總行位於天津，儲蓄盒估算是當時製造。硬幣入口槽在底部，紙幣入口槽在左上方，拿取儲蓄需要扭開頂蓋。儲

蓄盒高 45 毫米，長 80 毫米，闊 53 毫米，重 131 克。

11　金城銀行儲蓄盒（長方）

帶有手挽的長方形金屬盒正面鑲嵌的金屬片上鑄有「金城銀行儲蓄盒」、「聚沙成塔」和「集腋成裘」的圓牌，頂部刻有儲蓄盒編號 L2976。右側有一個圓形的鈔票入口，錢幣入口槽在背後。估算儲蓄盒是 1920 至 1930 年代的製品。儲蓄盒（不連手挽）高 76 毫米，長 100 毫米，闊 52 毫米，重 277 克。

12　金城銀行儲蓄盒（橢圓）

帶有手挽的橢圓形金屬盒正面鑲嵌的金屬片上鑄有「Kincheng Banking Corporation」、「金城銀行」和儲蓄盒編號 829。金屬片上方是錢幣入口槽，紙幣入口圓孔在底部，鎖匙可以開啟整塊底部蓋掩；圓孔外圍刻有製造商

「Stronghart Company」及「Patented Chicago III USA」。估算儲蓄盒是 1920 至 1930 年代的製品。儲蓄盒（不連手挽）高 60 毫米，長 100 毫米，闊 46 毫米，重 220 克。

13　華商銀行儲蓄盒（長方）

帶有手挽的長方形金屬盒，正面鑲着一塊八角形銅片，上面鑄有「華商銀行有限公司」、「The Chinese Merchants Bank Limited (Hongkong, China)」字樣，背面鑲着一塊橢圓形銅片，上面鑄有銀行名稱「CMB」、「積貯」、「由少至多」、「利上生利」和「Safety﹡Saving」。頂部刻有編號 9185，底部蓋掩用鎖匙開啟，刻有「Mfrd by Crobin Cabinet Lock Co. New Britain Conn USA Patent No.776702 Patent No.915676」。估算這儲蓄盒是在 1920 年代贈予客戶。

儲蓄盒（不連手挽）高 74 毫米，長 100 毫米，闊 51 毫米，重 312 克。

14　**華商銀行儲蓄盒（橢圓）**

帶有手挽的橢圓形金屬盒正面鑲着一塊橢圓形銅牌，鑄有「華商銀行有限公司」、「The Chinese Merchants Bank Ltd. Hongkong, China」字樣。手挽上刻有儲蓄盒編號「HK298」。錢幣入口孔在底部，整塊底部為蓋掩，可用鎖匙開關。儲蓄盒（不連手挽）高 59 毫米，長 97 毫米，闊 48 毫米，重 186 克。

15　**國民商業儲蓄銀行儲蓄銀箱**

帶有手挽的長方形金屬盒正面鑲有銅片，刻有「國民商業儲蓄銀行儲蓄銀箱」

和編號 1792。底蓋刻有「The Deposit Developer Patents Pending Automatic Recording Safe Co. Chicago USA」。錢幣入口槽在上方，紙幣入口槽在右邊，蓋掩是底部，需要用鎖匙開關。

儲蓄箱（不連手挽）高 55 毫米，長 86 毫米，闊 43 毫米，重 161 克。

16　**中華商業儲蓄銀行儲蓄盒**

帶有手挽的橢圓形金屬盒正面鑲有金屬片，刻有「上海中華商業儲蓄銀行儲蓄盒」、「北京路 U 字三十八號」、「Chung Hwa Commercial & Savings Bank

遠東銀行推出的利是封也有飛機飛過地球的圖案，呼應錢罌造型。

18

17

Shanghai, China」、「Stronghart Co. Choo. Patented」，手挽刻有編號 1067。錢幣和紙幣入口槽在底部蓋掩，需要用鎖匙開關。

儲蓄盒（不連手挽）高 58 毫米，長 98 毫米，闊 50 毫米，重 210 克。

17　寶生銀行儲蓄盒

鋁合金盒上鑄有「寶生」二字。蓋掩在底部，需要用鎖匙打開。

儲蓄盒高 130 毫米，底座直徑 98 毫米，重 140 克。

18　遠東銀行地球儀儲蓄盒

金屬地球儀上的世界地圖凹凸分明，許多收藏家未有發現原來北極圈上可放置「隨時準備升降」的小飛機，寓意儲蓄致富便可以坐飛機環遊世界。

地球儀的南北中線寫上「Save More to Be Safe」，底座部位寫上「遠東銀行有限公司」和「Far Eastern Bank Ltd」。小飛機左右兩側寫上「遠東銀行」。這個錢罌在 1960 年代絕對是劃時代的設計。

儲蓄盒高 100 毫米，直徑 132 毫米，重 708 克。

19　南通銀行儲蓄盒

帶有手挽的長方形金屬盒，盒蓋上印有
「南通銀行」，錢幣和紙幣入口槽在盒蓋
中央，需要扭動正前方的密碼鎖打開儲
蓄盒。

儲蓄盒高 54 毫米，長 105 毫米，闊 77
毫米，重 124 克。

20　中國銀行澳門分行錢罌

南通銀行於 1987 年被中國銀行收購，正
名為中國銀行澳門分行，錢幣入口槽在
背後，蓋掩在底部。錢罌以脆膠製造，
高 305 毫米，重 270 克。

巾幗英雄

銀行錢罌收藏家，以男性居多，在過往尋寶過程中不時遇上這樣的反應：「原來你是師姐，第一次見到女士購買錢罌，真是巾幗不讓鬚眉！」巾幗是古代婦女的頭巾和髮飾，人們稱女中豪傑為「巾幗英雄」，並以「巾幗」作為婦女的尊稱。恭敬不如從命，這裏也介紹四款錢罌中的「巾幗英雄」。它們特別為女性而推出，反映現代婦女的地位提升，開始有經濟獨立的觀念。

①

① 上海女子商業儲蓄銀行儲蓄盒

上海女子商業儲蓄銀行於 1924 年上海開業，銀行以「提倡女子職業，號召女子儲蓄、經濟獨立」為宗旨，以「提高女子經濟地位」為使命，經營方針以方便女性為賣點，例如在女校設立儲蓄分處來吸引學生儲蓄，以及提供代收學費的服務。現代著名詩人徐志摩的第一任妻子張幼儀在離婚之後的 1932 年，正是擔任該行副經理，並在 1936 至 1946 年擔任副總裁，她在抗戰和內戰的金融崩潰時期活出了現代婦女解放的精彩人生。這間銀行可説標誌着中國女權運動和婦女經濟獨立的重要成就，其推出的儲蓄盒別具歷史意義。

儲蓄盒正上方鑄有凸字「上海女子商業儲蓄銀行」和銀行商標。底部刻有「善工」和儲蓄箱編號「865」。錢幣入口槽在正前方，紙幣入口槽和鎖口在背後，蓋掩在底部。現為上海市銀行博物館藏品之一。儲蓄盒以金屬鑄造，高 54 毫米，直徑 66 毫米，重 65 克。

2　集友銀行婦女儲蓄箱（心形）

集友銀行專門聘請了留英兒童教育家，大力推廣「婦女儲蓄」和「兒童儲蓄」業務。他們特設婦女儲蓄部，推出相應的宣傳廣告：「對於提存辦法，務求簡便，而利息方面，特別優厚」。銀行鼓勵婦孺儲蓄，還設計並製造精美的儲蓄箱致送兒童及女性客戶，深受客戶喜愛。根據集友銀行的介紹：「⋯⋯ 為了方便婦女儲蓄，特製堅牢耐用、精緻美觀的儲蓄箱，以便存戶開戶時選購，有心形及蛋形兩種，內分兩格可放鈔票珍飾，每箱配有專用匙交儲戶保管，既安全又美觀，適合居家旅行之用，實在是最理想的儲蓄箱。」

心形蓋上鑄有凸字「集友銀行婦女儲蓄箱」，高 85 毫米（不連把手），長 200 毫米，闊 175 毫米，重 1,414 克。

3　集友銀行婦女儲蓄箱（蛋形）

另一款蛋形的儲蓄箱，蓋上鑄有凸字「集友銀行儲蓄箱」，分別有綠色、藍色，高 80 毫米（不連把手），長 200 毫米，闊 145 毫米，重 1,207 克。

心形和蛋形儲蓄箱以金屬鑄造，蓋內貼有銀行商標，底部鑄有凸字「Chiyu Banking Corporation Ltd Hong Kong」和「Saving Box」字樣。儲蓄箱的銅鎖刻有銀行的英文名稱和商標。

婦女手冊：《家庭寶庫》

為了推廣婦女儲蓄，集友銀行於 1962 年還編印了一本相當有心思的《家庭寶庫》。封面繪畫婦女持家和三代同堂的美滿家庭生活，內容提出家庭是國家和社會的基礎，所以必須運用儲蓄保障家庭生活與增進家庭幸福。其中第一章「對婦女儲蓄的一點意見」強調男女平等，婦女外出工作成為家庭經濟支柱，必須有精密的計劃來處理儲蓄。

書中除講述儲蓄的概念，還分享美容、社交、烹飪、家務、兒女養育等生活知識，並夾雜唱片、茶行等廣告，兼備趣味與宣傳之效，讓讀者嚮往一種舒適、有品味的家庭生活，增加儲蓄動機。

集友銀行於 1962 年編印的《家庭寶庫》，內容豐富，除分享儲蓄意見，也談及家庭佈置、生活情趣、家務心得等。

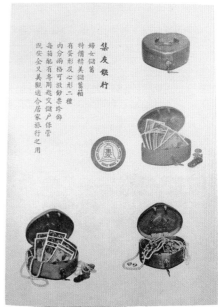

《家庭寶庫》背面繪上儲蓄箱盛滿珠寶首飾的畫面

集友銀行的兩則廣告，分別推廣「婦女儲蓄」和「兒童儲蓄」。其中「兒童儲蓄」的廣告上畫了幾款儲蓄箱，特別提到「儲蓄錢箱名貴精緻」、「港幣伍元即可開戶」，更會送贈兒童手冊，賣點不少。

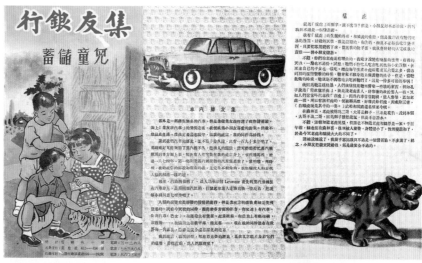

集友銀行兒童儲蓄箱介紹單張，色彩豐富，用第一人稱寫成。

集友銀行推出的一系列
利是封中，圖案內容貫
徹推廣家庭寶庫和儲蓄
的信息，同時展示了上
述提及的各款儲蓄箱。

4　集友銀行「快樂家庭」儲蓄箱

為了推廣「兒童儲蓄」，集友銀行推出
了一系列兒童儲蓄箱，並印有兒童儲蓄
箱介紹單張。單張採第一人稱，寫法生
動，如「快樂家庭儲蓄箱」的介紹寫：「我
雖然是一座微不足道的小木屋，但優雅
而整潔，寧靜而幸福。小朋友，你們都
希望有快樂家庭，那麼，請選用我，我

會使到你的家庭快樂，因為我是『快樂
家庭』。」

小木屋正面鑄有凸字「集友銀行」，錢
幣入口槽在屋後，儲蓄箱底部的鎖刻有
銀行的英文名稱和商標。儲蓄箱以金屬
鑄造，高 90 毫米，長 130 毫米，闊 88
毫米，重 429 克。

開卷有益

每次打開書本儲蓄盒，讓人想起耳熟能詳的「書中自有黃金屋，書中自有顏如玉」。句子出自宋真宗的〈勸學篇〉：「富家不用買良田，書中自有千鍾粟；安居不必架高堂，書中自有黃金屋；娶妻莫恨無良媒，書中自有顏如玉。」書本儲蓄盒以經典設計承傳了勸學格言。

---

1 **中華國寶銀行書本儲蓄盒**

書的正面印有「中華國寶」圓形金錢商標、「香港中華國寶銀行有限公司」、「The China Specie Bank Ltd Hong Kong Branch」。書脊印有「中華國寶銀行」。錢幣入口槽在書頂，底蓋開鎖後可取回儲蓄。

儲蓄盒以金屬鑄造，外層裱上像厚紙皮的材料，高 135 毫米，長 92 毫米，闊 25 毫米，重 257 克。

2 **香港興業儲蓄有限公司致富捷徑儲蓄盒**

書本造型的儲蓄盒正面鑄有凸字「The Hongkong Development Building & Savings Society Ltd. Hongkong」及圓形商標，另一面鑄有凸字「香港興業儲蓄有限公司」。書脊印有「Save & Build Vol.5」和「致富捷徑」。錢幣入口槽在書頂，書面開鎖後取回儲蓄。儲蓄盒以金屬鑄造，外層裱上像厚紙皮的材料，高 132 毫米，長 92 毫米，闊 25 毫米，重 316 克。

3　**浙江實業銀行致富錦囊儲蓄盒**

書本造型的儲蓄盒正面印有「浙江實業銀行　儲蓄　漢口上海杭州」。書脊印有「Save and Have Benjimin Franklin 致富錦囊」。錢幣入口槽在書頂，書面開鎖後取回儲蓄。

儲蓄盒以金屬鑄造，外層裱上像厚紙皮的材料，高 125 毫米，長 89 毫米，闊 28 毫米，重 283 克。

4　**恒生銀行金庫儲蓄盒**

書本造型的儲蓄盒分為紅色和綠色兩款，正面印有「金庫」和「Cash Book」，下方印有兩枝禾穗和「恒生銀行」；背面則印有在 1962 年落成於德輔道中 77 號的新總行外貌，約於 1963 年送贈客戶。

錢幣入口槽在書頂，書面開鎖後可取回儲蓄。儲蓄盒以金屬鑄造，表面貼上厚紙皮材料，高 132 毫米，長 92 毫米，闊 22 毫米，重 315 克。

⑤

渣打銀行八寶儲
蓄箱的包裝盒。

單張上的一句「這裏就是你的書
型儲蓄箱」，簡單有力。

<u>5</u>　**渣打銀行書型儲蓄箱**

書本造型的儲蓄箱有紅、黃、藍和綠
四色，正面印有金色的銀行舊雙獅子
商標、「渣打銀行」和「The Chartered
Bank」，背面刻有八種具有吉祥意義的
中國寶物。書脊印有「渣打銀行」。錢
幣入口在書頂，底部的蓋掩以鉛粒金屬
線封口。

據介紹單張，八件寶物各有寓意，如
「磬」代表「發聲響亮之石，亦作鐘用，
公正之標記，吉祥之徵兆」、「書」代表
「學問之象徵，辟邪之護符」等。另有犀
角、艾、珠、金錢、書或鏡、菱。

儲蓄箱以脆膠製造，高 144 毫米，長
102 毫米，闊 50 毫米，重 107 克。

<u>6</u>　**恒生銀行兒童金庫儲蓄盒**

書本造型的儲蓄盒正面印有「歡欣的女
孩和花花蝴蝶」和「Cash Book」，背面
則印有「可愛男孩手持儲蓄箱」和銀行
齒輪狀的商標，書脊亦印有「金庫」。
錢幣入口槽在書頂，書面開鎖後可取回
儲蓄。儲蓄盒以金屬鑄造，表面貼上鮮
艷的黃色厚紙皮材料，高 132 毫米，長
92 毫米，闊 26 毫米，重 312 克。

<u>7</u>　**恒生銀行致富之道儲蓄盒**

書本造型的儲蓄盒正面印有「The Road
to Wealth」、「致富之道」和銀行齒輪狀
商標，商標下寫有「優良服務標誌」，
書脊亦印有「The Road to Wealth」、「致
富之道」和 1962 年落成於德輔道中 77
號的總行外貌，是 1963 至 1964 年送給

客戶的贈禮。錢幣入口在書頂，書面開鎖後可取回儲蓄。儲蓄盒以金屬鑄造，表面貼上厚紙皮材料，高 132 毫米，長 92 毫米，闊 32 毫米，重 320 克。

8 滙豐儲蓄乃致富之道儲蓄盒

書本造型的音樂儲蓄盒有紅色和綠色，正面印有「The Hongkong and Shanghai Banking Corporation」、「香港上海滙豐銀行」、阿拉伯文銀行名稱，以及銀行在 1843 至 1959 年間使用的商標，書脊印有「Saving－Road to Prosperity」和「儲蓄乃致富之道」字樣。

打開塑膠書面，可以見到錢幣入口槽和音樂扭動掣，同時有存錢和播放音樂的功能。

儲蓄盒以硬膠製造，高 144 毫米，長 108 毫米，闊 63 毫米，重 285 克。

9 華僑銀行積少成多儲蓄盒

書本造型的儲蓄盒有灰色和紅色，書的表面印有「華僑銀行有限公司」，正面、背面和書脊都印有銀行商標，其中書脊印有「積少成多」，背面印有「Oversea-Chinese Banking Corporation Ltd.」和阿拉伯文的銀行名稱。儲蓄盒由英國「Taylor Law & Co. Ltd.」製造，錢幣的入口槽和紙幣的入口圓孔設在儲蓄盒底部，要用鎖匙開關。

儲蓄盒以金屬鑄造，表面貼上厚紙皮材料，高 117 毫米，長 74 毫米，闊 27 毫米，重 232 克。

經典建築

本節收錄來自十家銀行的二十六個錢罌，分別以世界聞名的文化古蹟、具國家代表性的建築或銀行作設計造型。相信除了有助建立品牌形象，亦因為當中蘊藏的歷史紀念價值，成為不可多得的活動教材。

1　廣東省銀行天壇錢罌

天壇錢罌的設計取自北京皇家祭壇天壇的主體建築祈年殿。北京皇家祭壇天壇是現今中國保存最完整的皇家祭天場所，聯合國教科文組織於 1998 年將天壇列入「世界遺產名錄」。

暫時發現唯一以硬膠製造的天壇錢罌，並髹上紅、藍兩色，仔細呈現北京天壇的祈年殿外形。錢罌第二層鑄有凸字「廣東省銀行」。

錢罌高 150 毫米，底座直徑 130 毫米，重 274 克。

2　南洋商業銀行天壇錢罌

天壇髹上紅、藍色，分三層。正面的第三層鑄有「祈年殿」的牌匾，背面是錢幣入口槽；第二層則鑄有凸字「南洋商業銀行」和「Nanyang Commercial Bank Ltd」。錢罌以金屬鑄造，高 120 毫米，底座直徑 110 毫米，重 943 克。

3　金城銀行天壇錢罌

天壇正面的第三層鑄有「祈年殿」的牌匾，背面是錢幣入口槽；第二層則鑄有凸字「金城銀行」。錢罌以金屬鑄造，高 113 毫米，底座直徑 100 毫米，重 699 克。

4　**新華銀行天壇錢罌**

天壇正面的第三層鑄有「祈年殿」的牌匾，背面是錢幣入口槽；第二層則鑄有凸字「新華銀行」。

錢罌以金屬鑄造，高 110 毫米，底座直徑 103 毫米，重 723 克。

新華銀行也曾推出印上天壇圖案的金屬製鎖匙扣，背面鑄有凸字「新華銀行」。

5　法國國家巴黎銀行巴黎鐵塔錢罌

錢罌設計取自法國巴黎鐵塔，在錢罌的底層前後方印有「法國國家巴黎銀行」；左右方形有法文名稱「Banque Nationale De Paris」；在錢罌的第二層四方則印有銀行商標。

錢幣入口槽在第三層的角落位置，長方形膠蓋掩在底部，用鉛粒金屬線封口。

1889 年法國巴黎為了承辦世界博覽會而建成了巴黎鐵塔，著名工程師古斯塔夫‧艾菲爾的設計是採用鐵建成一座方形底座、側向 125 米、高 300 米的鐵塔。那時還沒有飛機，人們驚喜地從這座高塔上觀賞巴黎全景。1991 年，巴黎塞納河畔連同巴黎鐵塔獲列入《世界遺產名錄》。

錢罌深棕色，以脆膠製造，高 260 毫米，長 115 毫米，闊 113 毫米，重 144 克。

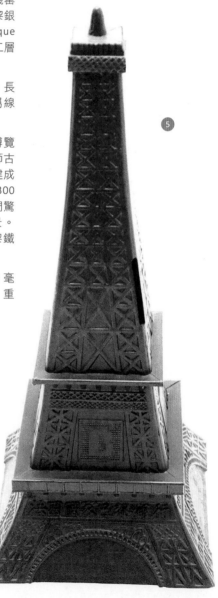

⑤

6

6　恒生銀行風車磨坊錢罌

1964 年出品。這款風車磨坊錢罌是恒生銀行出品的八十多個錢罌中,少數由配件組合而成的。風車的兩塊扇葉是獨立配件,由一口螺絲固定在磨坊上,可以轉動,磨房則呈八角形,建於石台上,磨房正門上方屋頂還鑄有銀行的齒輪狀商標。

在中國文化中,風車有風生水起的美好寓意。早於二千年前,中國、巴比倫、波斯等國家已懂得利用風車提供動力,多用於農業,例如提水灌溉和碾磨穀物等。後來,人們利用風車進行水泵、供暖、冷卻甚至航運和發電等方面的應用。

錢罌以金屬鑄造,高 205 毫米,長 155毫米,闊 110 毫米,重 845 克。

7　恒生銀行寶塔錢罌

1971 年出品,是恒生銀行出品的八十多個錢罌中少數由配件組合而成的。錢罌是一座七層正方形塔。錢罌設計特點之一是「塔剎」可以扭動出來,底座正面鑄有凸字「請到恒生銀行儲蓄」字樣,左面鑄有凸字「聚沙成塔」,右面鑄有凸字「積少成多」,用字配合塔形設計。

塔在中國古文書籍中多稱為「浮圖」(或「浮屠」),浮圖是佛家語,即「佛陀」,而佛陀意思是「覺悟者」。七層寶塔令人想起諺語「救人一命,勝造七級浮圖」,比喻救人性命的功德是無量的。

錢罌以金屬鑄造,高 273 毫米,重1,370 克。

恒生銀行音樂鎖匙扣

這款恒生銀行出品的音樂鎖匙扣的正面鑄有「小莫小於水滴、漸成大海汪洋、細莫細於沙粒、造成大地方」等字樣,跟「寶塔」錢罌一樣,以類近意思鼓勵儲蓄。

滙豐總行大廈〔第三代〕

　　滙豐紅屋錢罌、音樂紅屋錢罌以及紅屋鉛筆刨，皆是仿照當時滙豐總行大廈的外形設計。

　　滙豐於 1930 年代初經濟大蕭條期間，計劃在皇后大道中一號興建第三代總行大廈，並要求建築師建造全球最頂尖的銀行大廈。香港建築師行 Palmer and Turner 獲委以重任，耗時僅二十一個月，滙豐總行大廈於 1935 年竣工，成為當時開羅與三藩市之間最高的建築物。這是香港首幢設有空調的建築物，並可抵禦強力颱風。

兩款滙豐銀行襟章也是以滙豐總行大廈（第三代）為設計造型。

1　**滙豐總行大廈（第三代）紅屋錢罌
（香港製造）**

1960 年代的出品，錢罌將大廈外形仔細呈現，包括正門的兩尊銅獅子。錢罌底部鑄有凸字「Made in Hong Kong」。錢罌背面的膠蓋掩右邊印有「香港儲蓄銀行」，香港儲蓄銀行是 1960 年代初由「香港上海滙豐銀行」獨立經辦的儲蓄銀行，錢罌左邊便印有「香港上海滙豐銀行經辦」，蓋掩的上方用英文美術字體印有「The Hong Kong Savings Bank Conducted by The Hongkong and Shanghai Banking Corporation Hong Kong」。

錢罌以脆膠製造，高 148 毫米，重 120 克。

2　**滙豐總行大廈（第三代）紅屋錢罌
（加拿大製造）**

錢罌將大廈外形仔細呈現，包括正門的兩尊銅獅子。錢罌背面左、右邊鑄有凸字「香港上海滙豐銀行儲蓄部」，蓋掩的上方鑄有凸字「The Hong Kong Savings Bank a department of The Hongkong and Shanghai Banking Corporation (incorporated in Hong Kong with limited liability)」。錢罌底部鑄有凸字「Made in Canada」。

錢罌以脆膠製造，高 150 毫米，重 118 克。

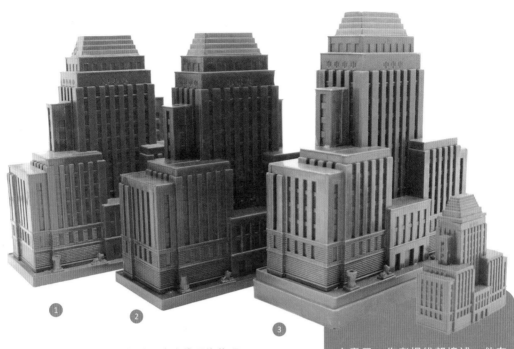

左起三款匯豐總行大廈錢罌均仿照
當時的匯豐總行大廈外形設計，最
右方是同款鉛筆刨。

本書另一作者楊維邦憶述，他在
小學二年級時（約 1961 至 1962
年），有不少同學是堅尼地城匯華
公寓的子弟，有一段時期看到他們
的書桌上放着滙豐總行鉛筆刨，後
來才知道在滙豐銀行也有發售，約
五毫子一個，但因為沒有零用錢，
沒有買過。

<u>3</u>　滙豐總行大廈（第三代）音樂紅屋錢罌

1960 年代的產品，錢罌將大廈外形仔細呈
現，包括正門的兩尊銅獅子。錢罌背面右邊
鑄有凸字「香港儲蓄銀行」，左邊鑄有凸字
「香港上海滙豐銀行經辦」，蓋掩的上方用
英文美術字體印有「The Hong Kong Savings
Bank Conducted by The Hongkong and
Shanghai Banking Corporation Hong Kong」。
香港儲蓄銀行是 1960 年代初由「香港上海
滙豐銀行」獨立經辦的儲蓄銀行。

錢罌以脆膠製造，高 158 毫米，重 220 克。

滙豐總行大廈〔第四代〕

滙豐總行大廈位置的風水十分理想，風水師指出是全港最優越的地段。時至 1979 年，滙豐成為全球第十四大銀行，集團興建第四代總行大廈來配合業務擴充的需要，這棟標誌性的建築於 1986 年啟用至今。

新廈建築師霍朗明（Norman Forster）採用了充滿未來色彩和開創先河的動感設計，動用 27,000 公噸的結構鋼材、100 萬平方呎的覆面材料，並有多達 4,500 名工人日夜工作建成。

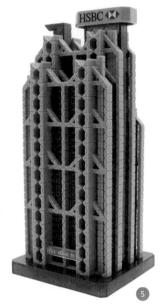

4 **滙豐總行大廈（第四代）閃燈錢罌**
為了推廣私人銀行（Private Banking）服務而推出。投入錢幣時，大廈會亮起紅色燈。錢罌以透明厚膠製造，高 205 毫米，重 292 克。

5 **滙豐總行大廈（第四代）錢罌（厚膠）**
錢罌造型跟閃燈錢罌一樣，但以灰色厚膠製造。錢罌高 205 毫米，重 268 克。

6 **滙豐總行大廈（第四代）錢罌（白鑞）**
錢罌以白鑞製造，為推廣強積金和千禧年而推出，於千禧年前後給員工內部認購，並於 2000 年 3 月期間以抽獎形式贈送予數百位客戶。錢罌造型和滙豐總行大廈（第四代）閃燈錢罌、厚膠製滙豐總行大廈（第四代）錢罌兩款一樣，細緻呈現大廈設計，並加上木底座宣傳銀行服務。錢罌底部的膠蓋掩是圓形的，可拔出取回錢幣。錢罌高 220 毫米，重 1,610 克。

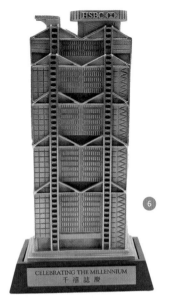

CELEBRATING THE MILLENNIUM
千禧誌慶

> 除了錢罌，渣打銀行還推出了同款紙鎮（圖右），但體積比較小，正前方仍保存壓上「渣打銀行」凸字的金屬片，非常難得。

7　渣打銀行大廈錢罌

渣打銀行大廈錢罌有三款，金色、銀灰色、紅色，設計均仿照第三代渣打銀行大廈，是 1960 年代給客戶的贈禮。錢罌鑲嵌了一塊壓上「渣打銀行」凸字的金屬片。錢罌以金屬鑄造，高 148 毫米，長 135 毫米，闊 42 毫米，重 692 克。

第三代渣打銀行大廈在 1959 年於德輔道中現址重建，是當時全港最高的大廈。大廈於 1987 年拆卸，興建第四代渣打銀行大廈，並於 1990 年落成。

8　恒生銀行堡壘錢罌

1975 年出品，有古銅色和銀色兩款，雄偉的堡壘圍牆看來高聳堅固。堡壘正面鑄有銀行齒輪狀的商標，錢罌以金屬鑄造，高 200 毫米，重 1,077 克。

在歐洲歷史中，城堡集合要塞和宮殿兩種功能，領主在此過着自給自足的生活，亦靠城堡的設計防禦外敵。堡壘錢罌也保護着城牆裏的儲蓄。

9　恒生銀行魚尾獅錢罌

在 1975 年送給客戶的贈禮。錢罌造型仿照新加坡的標誌「魚尾獅」，底座背部鑄有銀行齒輪狀的商標。錢幣入口槽在頂部，蓋掩在底部，要用鎖匙開關。錢罌以金屬鑄造，高 180 毫米，重 791 克。

魚尾獅的魚尾身代表新加坡曾是漁村，魚尾獅的獅頭代表新加坡的原名「Singapura」（梵文中「獅城」的意思）。魚尾獅混凝土雕像高 8.6 米，重 70 噸，口中源源不絕地噴出水柱。

10　合眾銀行清真寺錢罌

清真寺是穆斯林舉行禮拜、聚會和宣教活動的地方，有精緻的圓頂。這款以清真寺作設計造型的錢罌圓頂前方，鑄有銀行商標，底座四邊鑄有銀行中文、英文和阿拉伯文名稱。

錢幣入口槽在後方，蓋掩在底部，要用鎖匙開關，錢罌以金屬鑄造，高 135 毫米，重 470 克。

11　合眾銀行傳統馬來屋錢罌（I）

屋頂上鑄有銀行商標和凸字「合眾銀行」，底座前方鑄有「United Malayan Banking Corp. Ltd.」，底座背面鑄有銀行阿拉伯文名稱。

傳統馬來屋都以木材為主要材料，且以

廣告上可看到當年
合眾銀行總行大廈
的外形

木柱作高腳撐起，有效防潮和減少蛇鼠的侵害，地板亦通風。屋頂則呈兩面坡式，雨水可沿屋頂流走。

錢幣入口槽在屋頂上，蓋掩在底部，要用鎖匙開關，錢罌以金屬鑄造，高 85 毫米，重 494 克。

12　合眾銀行傳統馬來屋錢罌（Ⅱ）

屋頂正前方鑄有銀行商標和凸字「合眾銀行」，底座前方鑄有「United Malayan Banking Corp. Ltd.」，底座背面鑄有銀行阿拉伯文名稱。錢幣入口槽在後方，蓋掩在底部，要用鎖匙開關。錢罌以金屬鑄造，高 92 毫米，重 545 克。

13　合眾銀行總行大廈錢罌

總行頂部前方鑄有「United Malayan Banking Corp. Ltd.」，底座前方鑄有銀行阿拉伯文名稱。左右兩旁鑄有「合眾銀行」和銀行商標。

據 1971 年刊在《良友畫報》的廣告，合眾銀行分行遍佈馬來西亞，在新加坡、汶萊及曼谷亦設有分行，並在世界各大城市均有代理，更提及當時在吉隆坡新建二十八層大廈作總行。廣告上的大廈正好跟錢罌對照。

錢幣入口槽在背面，蓋掩在底部，要用鎖匙開關，錢罌以金屬鑄造，高 142 毫米，重 685 克。

14

萬國寶通銀行大廈錢罌
的設計可與地台分開

15

14　合眾銀行寶塔錢罌

錢罌塔型是六層六角形，底座四邊鑄有
銀行中文、英文和阿拉伯文名稱。第一
層鑄有銀行商標。錢幣入口槽在頂層，
蓋掩在底部，要用鎖匙開關。錢罌以金
屬鑄造，高 166 毫米，重 660 克。

15　萬國寶通銀行大廈錢罌

這是 1980 年代前的萬國寶通銀行大廈，
原位於皇后大道中八號，現在已改建為
新型商廈。圓柱體的大廈錢罌以硬膠製
造，坐落在一塊地台上。拔起大廈頂部
的圓蓋子才可以看到錢幣的入口槽，圓
形膠蓋掩在大廈的底部。錢罌以脆膠製
造，高 260 毫米，直徑 93 毫米。底座長
200 毫米，闊 155 毫米。

圖片提供：嚴桂思

國寶熊貓

不少銀行都喜以國寶熊貓作為錢罌的設計造型，既象徵深厚的中華文化，亦使人聯想到三個觸動心靈的歷史時刻。

熊貓主要分佈於甘肅、陝西和四川三省的六個地區，外表、性情體現了中國的文化特徵，例如牠雖然是奔跑和爬樹猛將，體形龐大，但不攻擊其他弱小動物，不爭不搶，符合儒家思想的低調，含蓄、內斂，亦代表中華民族的和平外交，遂成國寶。1972 年，美國總統尼克森訪華，玲玲（1969-1992）和興興（1970-1999）就是中國當時贈送給美國的兩隻大熊貓，這對可愛的情侶登上了國際舞台，成為時代的傳奇，也成為了一款錢罌的設計。

1999 年，中央政府為慶祝香港回歸兩周年，向香港送贈熊貓「安安」和「佳佳」，寓意香港「安」定繁榮，迭創「佳」績 。2007 年，香港回歸十周年，祖國再把「樂樂」和「盈盈」贈予港人，寓意香港繁榮歡「樂」，經濟豐「盈」。熊貓的可愛神態和背後意義，可能都是不同銀行都喜以熊貓為錢罌造型的原因。

玲玲和興興造型錢罌

這款以玲玲和興興為設計造型的錢罌是硬膠製，以機械式上發條運作，熊貓捧着一個扁盆，當放置一個錢幣在盆上，熊貓便會將錢幣倒入錢罌內。

錢罌的底部有圓形的轉動膠蓋掩，發條用的轉鈕在側。底部鑄有「Ever Last Ind. Co. Ltd, No. 544 Everlast Toys, Made in China」，錢罌上貼紙印有「Ling Ling Panda Saving Bank」，包裝盒上印有「Ling Ling & Hsing Hsing Wind-up Panda Saving Bank, Made in China」。

1　中國銀行熊貓錢罌

兩隻熊貓一坐一爬，造型逼真，身上印有銀行商標。錢幣入口槽分別在頭背和背部，圓形膠蓋掩在底部。錢罌以軟膠製造，表面植上絨毛。爬行造型熊貓錢罌高 105 毫米，重 166 克；蹲坐造型熊貓錢罌高 170 毫米，重 159 克。

2　中南銀行熊貓錢罌

熊貓半蹲半坐，看似作勢向前，非常可愛。錢幣入口槽在熊貓背部，圓形膠蓋掩在底部，熊貓的右腿外側鑄有凸字「中南銀行」。這款熊貓錢罌估算是在 1950 至 1960 年代期間發行。錢罌以硬膠製造，高 140 毫米，重 182 克。

3　中國工商銀行熊貓錢罌

熊貓造型十分生動，好像慢步向前走，銀行商標和錢幣入口槽在背部，沒有底蓋，扭開頭部可以取回儲蓄。錢罌以軟膠製造，高 80 毫米，重 89 克。

4　渣打銀行熊貓錢罌

逗人喜愛的熊貓坐在紅色石頭上，手拿竹子津津有味地吃着。石頭正面鑄有凸字「The Chartered Bank」，背面鑄有凸字「渣打銀行」和製造商「Hitoys」的名字。錢幣入口槽在頭上，長方形膠蓋掩在底部。錢罌以脆膠製造，高 236 毫米，重 185 克。

5　恒生銀行熊貓錢罌

1973 年送給客戶的贈禮。熊貓錢罌是恒生銀行推出的錢罌中，少數上了顏色的款式。大熊貓拿着竹筍，坐在地上，外形十分可愛，熊貓背部鑄有銀行齒輪狀的商標。錢幣入口槽在熊貓背部，蓋掩在底部，需用鎖匙開關。錢罌以金屬鑄造，高 154 毫米，重 680 克。

⑥

⑦

6 東亞銀行熊貓儲蓄錢箱

熊貓安靜地坐在地上，津津有味地吃着竹筍。1970 年推出，錢罌背部鑄有凸字「東亞銀行」，圓形蓋掩在底部，以鉛粒金屬線封口。儲蓄錢箱以硬膠製造，高 173 毫米，重 121 克。

7 恒生銀行聯乘海洋公園「熊貓寶寶」錢罌

銀行客戶於 2020 年 1 月至 3 月成功開立「智多 Kid」理財戶口，並符合「全面理財總值」增長要求，便可獲贈熊貓寶寶、海獅威威或鯊魚大嘜其中一款錢罌。錢幣入口槽在背部，圓形膠蓋掩在底部。錢罌以軟膠製造，高 155 毫米，重 434 克。

8 吉隆坡金融有限公司熊貓錢罌

吉隆坡金融有限公司於 1976 年 3 月 12 日在香港成立。熊貓捧着的錢幣鑄有凸字「KLF」，底座正面鑄有凸字「Kuala Lumpur Finance Berhad」，底座背面的貼紙印有「吉隆坡金融有限公司」。錢幣入口槽在頭背，圓形膠蓋掩在底部，需用鎖匙開關。錢罌以厚膠製造，高 145 毫米，底座直徑 104 毫米，重 177 克。

9 和光証券熊貓貯金箱

熊貓小姐、熊貓先生分別身穿紅色裙子和藍色工人褲，逗人喜愛。頭背鑄有凸字「和光証券」，錢幣入口槽在頭背，沒有底蓋，扭開頭部可以取回儲蓄。貯金箱以厚膠製造，熊貓小姐高 105 毫米，重 55 克。熊貓先生高 125 毫米，重 68 克。

10 三菱銀行熊貓貯金箱

熊貓安靜可愛，手上捧着竹筍，背後鑄有凸字「三菱銀行」和銀行商標，錢幣入口槽在頭背，沒有底蓋，扭開頭部可以取回儲蓄。貯金箱以軟膠製造，高 100 毫米，重 35 克。

11 富士銀行熊貓貯金箱

圓圓胖胖的熊貓，背後鑄有凸字「富士銀行」，錢幣入口槽在頭背，沒有底蓋，扭開頭部可以取回儲蓄。貯金箱以軟膠製造，高 86 毫米，重 29 克。

12 北陸銀行熊貓貯金箱

懶洋洋的熊貓，背後鑄有凸字「北陸銀行」，錢幣入口槽在頭背，沒有底蓋，扭開頭部可以取回儲蓄。貯金箱以軟膠製造，高 105 毫米，重 32 克。

13 中國建設銀行（亞洲）熊貓 DigiBank

這是一個智能錢罌，除了可計算存放的儲蓄，更有時鐘功能，加上外形漂亮，集儲蓄與裝飾於一身。儲蓄模式包括辨認所投入硬幣之幣值、計算錢罌內硬幣之總數、計算錢罌內各種硬幣之總數量、計算錢罌內各種硬幣之總幣值、選擇儲蓄額目標，以及計算總儲蓄與目標額的差額。

用匙卡插入卡槽，打開 DigiBank 門便可以取出硬幣。錢罌正面印有 CCB（Asia）和銀行商標。

錢罌以硬膠製造，高 195 毫米，重 273 克。

熊貓圖案鎖匙扣

除了錢罌，銀行也曾以熊貓作為其他周邊物品的主題。圖為「國華商業銀行毓華街辦事處開幕紀念 1974」金屬製熊貓圖案鎖匙扣。

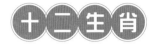

十二生肖

中國的十二生肖，據說源自天文占星，或圖騰崇拜、民間傳說等，分別為十二種動物，與十二地支相配，每個人按出生年份都有所屬生肖：子鼠、丑牛、寅虎、卯兔、辰龍、巳蛇、午馬、未羊、申猴、酉雞、戌狗、亥豬，一直流傳成為中國悠久的民俗文化。

十二生肖是不少銀行喜用的錢罌造型，甚至每年按該年生肖推出一款，不同銀行的生肖造型或莊重，或可愛，儲齊一個系列，感覺滿足。

恒生銀行十二生肖錢罌（1973-1990）

恒生銀行十二生肖造型錢罌共有二十二款，是送給客戶的贈禮。

1

1 **水牛錢罌**（1973 牛年）

水牛勤奮工作，象徵五穀豐收和農業的繁榮。錢罌背後鑄有銀行齒輪狀的商標。錢罌以金屬鑄造，高 75 毫米，重 1,156 克。

2

2 **老虎錢罌**（1974 虎年）

古銅色的老虎以氣吞天下之勢站立在橢圓形的台上，張口露出尖牙吼叫。老虎在中國民間象徵勇猛、威嚴和權力，民間亦相信老虎有降服鬼物的能力。老虎的站台正面鑄有銀行齒輪狀的商標。錢罌以金屬鑄造，高 115 毫米，重 988 克。

3　大耳兔錢罌（1975 兔年）

古銅色和銀色兩款，兔子提起前腿坐在地上，造型逼真。兔子的左側鑄有「恒生銀行」和「Hang Seng Bank Limited」，右側鑄有銀行齒輪狀的商標。錢罌以金屬鑄造，高 170 毫米，重 723 克。

4　雲龍錢罌（1976 龍年）

雲龍來自成語「雲龍風虎」，雲隨龍生，風隨虎起，指同類相互感應，亦比喻明君遇賢臣，或賢臣遇明君之意。雲龍的六角底座正面鑄有銀行齒輪狀的商標。錢罌以金屬鑄造，高 180 毫米，重 968 克。

5　金蛇錢罌（1977 蛇年）

守護財富的金蛇緊纏脹滿的金色錢袋，錢袋正面鑄有銀行齒輪狀的商標。錢罌以金屬鑄造，高 100 毫米，重 585 克。

6　馬頭錢罌（1978 馬年）

鬃毛豐滿的馬頭雄糾糾的置在長方形底座上，充滿霸氣。底座四周及正中鑄有象徵幸運的馬蹄鐵圖案。底座正面鑄有銀行齒輪狀的商標。錢罌以金屬鑄造，高 198 毫米，重 1,073 克。

7　山羊錢罌（1979 羊年）

強壯的山羊雄糾糾的昂首站在石山上，傲視同儕，予人卓越領先的感覺。羊在中國文化中是吉祥的動物，而吉祥的「祥」字亦可見由「羊」字組成。石山的正面鑄有銀行齒輪狀的商標。錢罌以金屬鑄造，高 230 毫米，重 1,152 克。

金屬蓋掩

外形看來像個典雅的行李箱

塑膠蓋掩

8 **猴子錢罌（1980 猴年）**

猴子錢罌罕有地以木盒為主體，木盒上有金屬手挽，盒面鑲有古銅色金屬立體猴子，猴子側面鑲上銀行齒輪狀的金屬商標。錢罌背部還有兩款旋轉拉出的蓋掩，分別以金屬和塑膠製造。不需要用鎖匙開啟的蓋掩，是恒生銀行眾多錢罌中較罕有的設計。錢罌高 100 毫米，長132 毫米，闊 63 毫米，重 209 克。

9 **公雞錢罌（1981 雞年）**

公雞雞冠和肉垂鬃上鮮紅色，加上發達的覆尾羽，顯示出強健神氣的形象。銀

行齒輪狀的商標鑄在底座上。錢罌以金屬鑄造，高 210 毫米，重 1,121 克。

10 **鬆毛獵狗錢罌（1982 狗年）**

鬆毛獵狗的毛髮豐滿整齊柔順，乖巧地坐着並專注地仰望主人。銀行齒輪狀的商標鑄在身側。錢罌以金屬鑄造，高175 毫米，重 791 克。

11 **肥豬錢罌（1983 豬年）**

卡通化的肥豬穿着吊帶褲，帶笑含羞地舉起左手摸着左耳，樣子精靈可愛。銀行齒輪狀的商標鑄在吊帶褲上，錢罌的

底板鑄有「癸亥年」三字。錢罌以金屬鑄造，高 138 毫米，重 551 克。

12　金鼠錢罌（1984 鼠年）

胖胖的金鼠兩隻大耳朵配上尖尖的長鼻子，非常討人喜愛。銀行齒輪狀的商標鑄在金鼠兩身側。錢罌以金屬鑄造，高 95 毫米，重 656 克。

13　小牛錢罌（1985 牛年）

小金牛神態自若地伏在地上，予人閒適自在的感覺。銀行齒輪狀的商標鑄在小牛的右側身上。錢罌以金屬鑄造，高 75 毫米，重 716 克。

14　老虎錢罌（1986 虎年）

卡通老虎雙腿夾着一個滿滿的錢袋，雙手緊扣着錢袋口，予人牠會好好保護錢財的感覺。銀行齒輪狀的商標鑄在虎背。錢罌以金屬鑄造，高 130 毫米，重 686 克。

15　小兔錢罌（1987 兔年）

小兔穿上恤衫結上蝴蝶呔，外穿馬甲，配上間條西褲，雙手叉腰神氣地坐着，樣子自信滿滿。銀行齒輪狀的商標鑄在馬甲背後。錢罌以金屬鑄造，高 175 毫米，重 643 克。

16 雲龍錢罌（1988 龍年）

雲龍來自成語「雲龍風虎」，雲隨龍
生，風隨虎起，指同類相互感應，亦比
喻明君遇賢臣，或賢臣遇明君之意。雲
龍的圓形底座正面鑄有銀行齒輪狀的商
標。錢罌以金屬鑄造，高 170 毫米，重
706 克。

17 金蛇錢罌（1989 蛇年）

守護財富的金蛇緊纏脹滿的銀色錢袋，
錢袋正面鑄有銀行齒輪狀的商標。錢罌
以金屬鑄造，高 100 毫米，重 585 克。

18 馬頭錢罌（1990 馬年）

有金、銀、古銅色，鬃毛豐滿的馬頭雄
糾糾地置在橢圓形底座，充滿氣派。底
座左側鑄有銀行齒輪狀的商標。錢罌以
金屬鑄造，高 172 毫米，重 847 克。

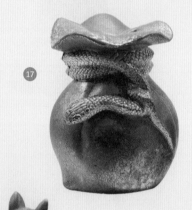

中國工商銀行十二生肖錢罌（2013－2024）

　　這些可愛的軟膠錢罌，造型獨特，色彩鮮艷。每個身上印有銀行商標，而錢幣入口槽在背後。其中馬、羊和虎，沒有底蓋，可以扭開頭部取回儲蓄。有底蓋的九款包括牛、猴、兔、龍、蛇、鼠、雞、狗和豬，底蓋都印有銀行商標。筆者從其他錢罌愛好者得知，這一套十二生肖錢罌是從珠海市搜獲的。

1	2013 蛇年錢罌 高 120 毫米，重 88 克。	7	2019 豬年錢罌 高 110 毫米，重 71 克。
2	2014 馬年錢罌 高 132 毫米，重 91 克。	8	2020 鼠年錢罌 高 120 毫米，重 76 克。
3	2015 羊年錢罌 高 115 毫米，重 97 克。	9	2021 牛年錢罌 高 110 毫米，重 76 克。
4	2016 猴年錢罌 高 120 毫米，重 73 克。	10	2022 虎年錢罌 高 110 毫米，重 107 克。
5	2017 雞年錢罌 高 110 毫米，重 78 克。	11	2023 兔年錢罌 高 115 毫米，重 77 克。
6	2018 狗年錢罌 高 115 毫米，重 75 克。	12	2024 龍年錢罌 高 122 毫米，重 75 克。

澳新銀行十二生肖錢罌（2011-2022）

　　這些造型可愛的硬膠錢罌，每個身上印有銀行名稱縮寫「ANZ」、銀行商標和生肖年份，錢幣入口槽在背後，可以扭開底部的圓形蓋掩取回儲蓄。

<table>
<tr><td>1</td><td>2011 兔年錢罌，
高 160 毫米，重 170 克。</td><td>4</td><td>2014 馬年錢罌
高 145 毫米，重 261 克。</td></tr>
<tr><td>2</td><td>2012 龍年錢罌
高 160 毫米，重 198 克。</td><td>5</td><td>2015 羊年錢罌
高 130 毫米，重 187 克。</td></tr>
<tr><td>3</td><td>2013 蛇年錢罌
高 158 毫米，重 193 克。</td><td>6</td><td>2016 猴年錢罌
高 165 毫米，重 177 克。</td></tr>
</table>

大眾銀行十二生肖錢罌（2011－2022）

　　這些瓷製錢罌經過上色處理，閃爍着金色的光芒。每個錢罌上都印有「大眾銀行（香港）」、「Public Bank」和銀行商標。包裝盒上則印有「大眾銀行（香港）」、「Public Bank（Hong Kong）」、「馬來西亞大眾銀行附屬公司」和「A subsidiary of Public Bank Berhad Malaysia」。錢幣入口槽在背部，打開底部的膠蓋掩可以取回儲蓄。

1	2011 兔年錢罌 高 123 毫米，重 173 克。	4	2014 馬年錢罌 高 110 毫米，重 120 克。
2	2012 龍年錢罌 高 124 毫米，重 218 克。	5	2015 羊年錢罌 高 95 毫米，重 140 克
3	2013 蛇年錢罌 高 103 毫米，重 156 克。	6	2016 猴年錢罌 高 100 毫米，重 118 克。

十二生肖匙扣

除了錢罌喜以十二肖為主題，銀行也會推出其他以此為題材的紀念品或周邊商品。滙豐銀行曾於 1974 至 1985 年及 2001 至 2012 年兩度推出十二生肖鎖匙扣，相隔十六年，仍深受收藏家喜歡及追捧。

十二生肖匙扣 (1974－1985)

十二生肖匙扣 (2001－2012)

7　2017 雞年錢罌
高 90 毫米，重 145 克

8　2018 狗年錢罌
高 93 毫米，重 143 克。

9　2019 豬年錢罌
高 75 毫米，重 88 克。

10　2020 鼠年錢罌
高 134 毫米，重 278 克。

11　2021 牛年錢罌
高 85 毫米，重 144 克。

12　2022 虎年錢罌
高 90 毫米，重 209 克。

六畜興旺

中國以農立國，每逢春節過年，農村各家各戶均會貼上對聯「五穀豐登」、「六畜興旺」，以期未來一年順利豐收。六畜就是我們祖先從捕獲獸類中挑選進行飼養馴化的六種家畜：馬、牛、羊、雞、犬、豬。在清代《三字經·訓詁》中有如此描述，「馬能負重致遠，牛能耕田，犬能守夜防患」。又指「雞羊與豕，則畜之孳生，以備食者也」。六畜各有用處，在農業社會為人們的生活提供基本保障，以此作錢罌造型，令人感覺親切，亦有不同的祝福涵意。

馬

自古馬在戰爭中的角色十分重要，獲王侯將相重視。成語「馬到功成」指馬才到達目的地便取得成功，形容事情順利，很快得勝。

手上的令旗
可以拔出

①

BANQUE DE L'INDOCHINE

1　**恒生銀行「飛馬得勝」錢罌**

錢罌造型是一位威風凜凜的中國古代將軍，手執可以拔出的令旗，策騎駿馬，站在石台上，石台上鑄有「旗開得勝，馬到功成」、「一九七八年，歲次戊午，恒生銀行敬頌」和銀行齒輪狀的商標。這款錢罌是恒生銀行出品的八十多個錢罌中少數由配件組合而成的。錢罌以金屬鑄造，有金色和古銅色兩款，高 198 毫米，長 109 毫米，闊 105 毫米，重 979 克。

2　**恒生銀行馬車錢罌**

1969 年送給客戶的贈禮。馬車錢罌由篷車和馬匹組成，馬匹正踱步向前，形態生動。篷車兩旁均鑄有銀行齒輪狀的商標。錢罌以金屬鑄造，高 110 毫米，長 200 毫米，闊 62 毫米，重 737 克。

3　**法國東方匯理銀行駿馬錢罌**

方座兩邊分別印有「法國東方匯理銀行」、「Banque de l'Indochine」及銀行商標。錢幣入口槽在方座正上方，圓形膠蓋掩在底部，鑄有「Made in Hongkong Ace No.421」。錢罌以脆膠製造，高 180 毫米，重 163 克。

4　荷蘭銀行駿馬錢罌

一對白色和棕色的駿馬在綠色的平台上，以雙蹄高躍的造型，展示在草原上豪邁奔放的氣勢。平台左邊印有「Algemene Bank Nederland N.V.」，右邊印有「荷蘭銀行」。錢幣入口槽在馬頸中央，蓋掩在腹部，以鉛粒金屬線封口。錢罌以硬膠製造，高 240 毫米，重 199 克。

5　集友銀行「千里馬」錢罌

錢罌是集友銀行於 1950 年代末到 1960 年代初為了推廣兒童儲蓄而特意製作，送贈給辦理兒童儲蓄戶口小客戶的禮物。宣傳單張採第一人稱，寫法生動，「千里馬」的介紹為：「我會忠誠替你們服務，使你們儲蓄的成績，一日千里。」馬身左面鑄有凸字「集友銀行」，蓋掩在底部，鎖頭刻有「Chiyu Banking Corporation Ltd Hong Kong」和銀行商標。錢罌以金屬鑄造，高 175 毫米，重 530 克。

⊄ 牛

牛力氣大、性格溫順，在農業發展中扮演着尤其重要的角色。
即使在現代，仍有許多地區仍然依賴牛來進行耕種工作。

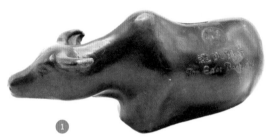

1
遠東銀行水牛錢罌

水牛躺在地上，背部鑄有凸字「遠東銀行有限公司」和「Far East Bank Ltd.」。錢罌以金屬鑄造，高 80 毫米，重 905 克。

2
合眾銀行牛拉車錢罌

一對勤勞的牛，正運送滿載的收成。車蓬頂鑄有銀行商標，底座鑄有「United Malayan Banking Corp. Ltd.」和阿拉伯文銀行名稱，底座另一面鑄有「合眾銀行」。錢罌以金屬鑄造，高 98 毫米，重 625 克。

3
澳洲銀行乳牛錢罌

一隻體態豐盈的乳牛，造型可愛，正等待大家放入儲蓄。乳牛身上印有「澳洲銀行」、「National Australia Bank」及銀行商標。錢罌是瓷製，錢幣入口槽在牛背，蓋掩在底部。錢罌高 115 毫米，重 298 克。

羊

羊的性情溫和，毛質優良，肉質鮮美，因此養殖羊常常能為人們帶來財富和豐裕的生活。

1 恒生銀行綿羊錢罌

1964 年送給客戶的贈禮。昂首遠望前方的雄羊，渾身長滿又卷又厚重的毛。綿羊左、右兩側都鑄有銀行齒輪狀的商標。錢罌以金屬鑄造，高 125 毫米，重 704 克。

2 大華銀行綿羊錢罌

長有螺旋狀大角和身體豐滿的雄羊，腳踏草叢望着前方。綿羊左右兩側鑄有銀行商標，草叢右邊鑄有凸字「大華銀行」，左邊鑄有凸字「United Overseas Bank」。錢罌以金屬鑄造，高 103 毫米，重 477 克。

雞

　　古代勞動人民日出而作、日入而息，早上最早聽見的往往是雞啼，故此有「聞雞起舞」流傳於世。此外，母雞可以下蛋，公雞可以吃其肉，在農業世界不可或缺。

<u>1</u>　**廣東省銀行母雞錢罌**

　　母雞坐在竹籠上孵化小雞的樣子，象徵生命力及財富。竹籠正面鑄有凸字「廣東省銀行」。錢罌以金屬鑄造，錢罌高97毫米，重 493 克。

<u>2</u>　**廣安銀行母雞錢罌**

　　1960 年代銀行的贈禮。兩隻小雞在母雞的守護下吱叫玩耍，象徵生命力及世代相傳。母雞左側鑄有銀行商標和兩隻小雞，右側鑄有「廣安銀行有限公司」和「Kwong On Bank Ltd.」。錢罌以金屬鑄造，高 118 毫米，重 352 克。

<u>3</u>　**華聯銀行母雞錢罌**

　　母雞坐在竹籠上孵化小雞，象徵生命力。母雞的左側有銀行的舊商標：一個鑄有「華聯銀行」四字的圓形古錢，右側鑄有「Overseas Union Bank Ltd.」，底蓋刻有「O.U. Bank Ltd.」和「No 278」。錢罌以金屬鑄造，高 115 毫米，重 424 克。

④

⑤

---

④ **馬來亞銀行母雞錢罌**

在 1960 年代贈予客戶的錢罌。母雞坐在竹籠上孵化小雞。左側鑄有凸字「馬來亞銀行有限公司」和阿拉伯文銀行名稱，右側鑄有凸字「Malayan Banking Limited」，底蓋刻有編號 H1146。錢罌以金屬鑄造，高 113 毫米，重 426 克。

⑤ **中國農業銀行小雞錢罌**

一隻剛剛破蛋而出的小雞，大大張開嘴巴，等待大家放入儲蓄，充滿生趣。錢罌背後上方印有「中國農業銀行」、「少兒儲蓄紀念」及銀行商標。錢幣入口槽是嘴巴，蓋掩在底部。

中國農業銀行香港分行成立於 1995 年 11 月，是中國農業銀行在境外正式成立的首家分行。

錢罌是瓷製，高 132 毫米，重 300 克。

◁ 狗

自古以來，狗一直是人類的忠實伙伴。牠們不僅是出色的捕獵幫手，還是看家護院的良伴。

1　國際商業信貸銀行財源滾滾錢罌

這件瓷器以精湛的工藝燒製而成，造型是活潑可愛的小狗，在滾動一個鑄有凸字「財源滾滾」的彩球，極具生氣，色彩鮮艷。金屬底蓋刻有「香港國際商業信貸銀行敬贈」字樣。錢罌高 157 毫米，重 445 克。

2　廣東省銀行大耳狗錢罌

毛髮柔順的以巴吉度獵犬以一貫楚楚可憐的表情仰望主人，惹人憐愛。耳朵下胸前鑄有凸字「廣東省銀行儲蓄箱」。錢罌以硬膠製造，高 170 毫米，重 231 克。

3　廣安銀行小狗錢罌

史立莎小狗個性聰明、活潑、好動和機警，十分可愛。小狗頸環鑄有「Kwong On Bank Ltd.」，背部鑄有凸字「廣安銀行有限公司」。錢罌以金屬鑄造，高 138 毫米，重 548 克。

4　馬來亞銀行小狗錢罌

錢罌約在 1970 年代贈予客戶。乖巧的小狗為主人送上一籃水果，是忠誠的表現。小狗的左邊鑄有凸字「馬來亞銀行有限公司」和阿拉伯文銀行名稱，右邊鑄有凸字「Malayan Banking Limited」。錢罌以金屬鑄造，高 135 毫米，重 402 克。

<u>5</u>　**恒生銀行狼狗錢罌**

1966 年送給客戶的贈禮,有古銅色和銀色兩款。狼狗外表勇猛,充滿自信和威嚴地守候着主人。狼狗身上右邊鑄有銀行齒輪狀的商標。錢罌以金屬鑄造,高180 毫米,重 705 克。

<u>6</u>　**法國國家巴黎銀行貴婦狗錢罌**

1970 年銀行送給客人的贈禮,貴婦狗配戴了頸環和一個圓形狗牌,牌上以凸字鑄有銀行名稱的縮寫「BNP」。貴婦狗站立的圓台上鑄有凸字「B.N.P.」、「Banque Nationale De Paris」和「法國國家巴黎銀行」。在一則介紹法國國家巴黎銀行貴婦狗錢罌的廣告中,繪畫了一個身穿唐裝的男孩,右手搭着貴婦狗,左手抱着盛滿金錢的中式帽子:「狗年帶來好運氣,儲蓄生利無限好。」

錢罌以硬膠製造,黃色貴婦狗錢罌高233 毫米,底座直徑 95 毫米,重 287克。紅色貴婦狗錢罌高 233 毫米,底座直徑 95 毫米,重 304 克。雖然啡色貴婦狗遺失了頸環,但歡迎歸隊!

◖ 豬

　　甲骨文中的「家」，就像是一隻豬居於屋舍之中。上面是房屋的象形，古代的豬舍與房屋相似，下面則是「豕」，即豬。在古代，圈養動物就意味着有人居住，有穩定的住所，因此人們在屋子裏養豬，就成為家的標誌。豬的性情溫馴，圓圓的外表更是財富的象徵。

1　**遠東銀行豬先生錢罌**

豬先生的造型生動有趣，背部鑄有凸字「遠東銀行敬贈」和銀行商標。錢罌以脆膠製造，高 175 毫米，重 110 克。

同款泡泡浴樽

同一造型的豬先生錢罌，有兩款身穿藍褲的版本，脆膠製，由美國塑膠公司製造。體積細小的一個是泡泡浴樽，高 120 毫米，用後可作錢罌。大的高 200 毫米，分別鑄有凸字「Knickerbocker Plastic Co. Glendale. Calif. Des. Pat 164463」。

2　**中國工商銀行豬先生錢罌**

豬先生圓渾厚重的體態,造型可愛。「豬」與「諸」音同,常被借用為「諸」事吉利。從豬的撲滿造形,可知豬可存滿財富,錢幣入口槽是豬嘴。錢罌背後有「中國工商銀行儲蓄部贈」字樣和銀行商標,底部有「景德鎮雕塑瓷廠」字樣。錢罌是瓷製,高 140 毫米,重 503 克。

3　**廣東省銀行豬先生錢罌**

卡通化的豬先生頭戴紅色中式帽子,身上穿着恤衫配吊帶褲,結上醒目的藍色蝴蝶呔,配合大大的卡通眼睛,樣子可愛。豬先生中西合璧的衣飾,體現了香港華洋共處的文化特色。豬先生的底座正面鑄有「廣東省銀行」。

錢罌以硬膠製造,高 245 毫米,重 340克。小豬則是 1960 年代在香港製造的硬膠錢罌,特別之處是素體,與粉紅色的豬先生組成強烈對比。

4　**永亨銀行豬先生錢罌**

穿着整齊西裝的豬先生運籌帷幄地拿着一枚大錢幣,準備展開投資大計。豬先生所戴的帽子前後都印有「永亨銀行」。錢幣入口槽設在帽子頂,將帽子拔開便可取回儲蓄。錢罌以軟膠製造,推算是1960 年代的出品。錢罌高 195 毫米,重 65 克。

5　**華僑商業銀行豬海員錢罌**

笑盈盈的小豬，以海員的服裝打扮捧起雙手，期待大家將牠接回家。小豬背後鑄有凸字「華僑商業銀行」和「兒童儲蓄箱」。錢幣入口槽在小豬頭頂，圓形膠蓋掩在底部，將蓋掩轉動至合適位置，便能將蓋掩打開並取回儲蓄。底部有凸字「CPC No.7000」和「Made in Hong Kong」。錢罌以軟膠製造，高198毫米，重83克。

6　**中國農業銀行小豬錢罌**

一隻圓渾的小豬，正等待大家放入儲蓄。豬身左邊鑄有凸字「中國農業銀行」及銀行商標，豬身右邊有凸字「助農發展儲蓄1973」。錢幣入口槽在豬尾下，沒有蓋掩。錢罌以脆膠製造，高85毫米，重60克。

7　**新華銀行花豬錢罌**

花豬樣子可愛又俏皮，加上擺動的小尾巴，惹人喜愛。花豬背面印有「新華銀行」和銀行商標。錢幣入口槽在小豬背頂，圓形膠蓋掩在底部，將蓋掩轉動至合適位置，便能將蓋掩打開並取回儲蓄。錢罌以脆膠製造，高120毫米，重134克。

8 新華銀行金豬錢罌

金豬錢罌除了顏色外,它的設計造型和花豬錢罌相同,全身金色,使人有一種輝煌富貴的感覺。錢罌背面印有「新華銀行」和銀行商標。錢幣入口槽在豬背頂,圓形膠蓋掩在底部,將蓋掩轉動至合適位置,便能將蓋掩打開並取回儲蓄。錢罌以脆膠製造,高 120 毫米,重 132 克。

9 新華銀行肥豬錢罌

圓滾滾的透明膠豬左右兩側印有「新華銀行」,錢幣入口槽在頂部,圓形蓋掩在底部。錢罌以脆膠製造,高 105 毫米,重 117 克。

10 崇僑銀行肥豬錢罌(金屬)

體態圓潤的肥豬背甍左側鑄有凸字「崇僑銀行有限公司」,右側鑄有凸字「Chung Khiaw Bank Ltd.」,蓋掩在底部,要用鎖匙開關。錢罌以金屬鑄造,高 88 毫米,重 549 克。

11 崇僑銀行肥豬錢罌(厚膠)

這款塑膠肥豬和上款的金屬肥豬造型相同,不銹鋼蓋掩在底部,要用鎖匙開關。錢罌以厚膠製造,高 78 毫米,重 110 克。

12 澳門商業銀行花豬錢罌

肥肥的豬大眼碌碌、面色紅潤,身上纏有色彩繽紛的花朵和綠葉,是中國錢罌的經典造型,花豬左邊印有銀行的英文縮寫「BCM」(Banco Commercial de Macau),圓形膠蓋掩在底部,將蓋掩轉動至合適位置,便能將蓋掩打開並取回儲蓄。錢罌以脆膠製造,高 103 毫米,重 144 克。

13 金城銀行花豬錢罌

肥胖的豬擁有大而明亮的眼睛,面色紅潤,身上纏有色彩斑斕的花朵和綠葉。花豬左邊印有「金城銀行敬贈」,底部印有「中國製造」及「Made in China」。錢罌入口槽在豬背,取回儲蓄的方法是將錢罌打破。錢罌是瓷製,高 100 毫米,重 341 克。

14 中南銀行豬仔錢罌

形態採傳統設計的豬仔錢罌,卻以植絨穿上橙色外衣,頭上黏着一撮羽毛,逗人喜歡。錢幣入口槽在豬背,圓形膠蓋掩在底部,蓋掩上印有「Made in Hong Kong」,豬仔左上背則有「中南銀行」。錢罌以軟膠製造,從物料推算,錢罌是 1960 至 1970 年代盛行的玩具製品。錢罌高 85 毫米,重 58 克。

15 上海商業銀行豬仔錢罌

銀行的「苗苗計劃」鼓勵孩子從小養成良好的儲蓄習慣及學習理財技巧,提供各種理財及保險方案。豬仔頭背後印有「苗苗計劃」和銀行商標。錢罌以金屬鑄造,高 120 毫米,重 290 克。

16 大眾銀行豬仔錢罌

瓷製錢罌經過上色處理，變身成為可愛的粉紅色豬仔。豬仔胸前印有銀行商標，豬背印有「大眾銀行（香港）」、「Public Bank」和銀行商標。而包裝盒上則印有「大眾銀行（香港）」、「Public Bank (Hong Kong)」、「馬來西亞大眾銀行附屬公司」和「A subsidiary of Public Bank Berhad Malaysia」。錢幣入口槽在豬背，膠蓋掩在底部。錢罌高 115 毫米，重 161 克。

17 美國銀行肥豬收音機錢罌

肥豬錢罌既可用作儲蓄，又可變身為收音機。肥豬的前半身是錢罌，錢幣入口槽在豬背，長方形蓋掩在一雙前足底部。肥豬的後半身是收音機，用一粒 9V 電芯運作，電芯藏在後足內。肥豬的兩邊身體印了「Bank of America」和銀行 1998 年之前的舊商標。錢罌以脆膠製造，高 105 毫米，重 265 克。

18 美國銀行肥豬錢罌

肥豬身上印有銀行 1998 至 2018 年的舊商標，錢幣入口槽在豬背。圓形膠蓋掩在底部，將蓋掩轉動至合適位置，便能將蓋掩打開並取回儲蓄。錢罌以金屬鑄造，高 105 毫米，重 475 克。

19 美國銀行豬仔錢罌

小瓷豬左側有「Bank of America」和銀行 1998 至 2018 年的舊商標。錢幣入口槽在豬背，圓形膠蓋掩在底部。錢罌高 81 毫米，重 121 克。

20 交通銀行肥豬錢罌

肥豬有綠色、桃紅色、粉紅色、藍色四款，左右兩面印有「交通銀行」，錢幣入口槽在背後，扭開豬鼻可以取回儲蓄。錢罌以軟膠製造，高 110 毫米，重 182 克。

豐收之樂

看到錢罌上兩個孩童抱着西瓜、玉米，聯想起兒時爸爸帶筆者體驗農耕和「大豐收」的歡樂。上世紀中，農民佔中國人口八成，祈求五穀豐登是很多人的共同願望，小孩抱着農作物的畫面，正代表人民對美好生活的願景和理想。在米缸上用紅紙貼「常滿」二字則是傳統習俗，以此為錢罌造型，寓意豐衣足食。

1　**廣東省銀行大豐收錢罌（一對）**

一套兩款，估算是 1970 年代的設計，造型分別是穿着紅色肚兜的胖男孩坐在大大的西瓜上，和穿着紅色肚兜的胖女孩抱着一根比她還大的玉米，寓意多子多福和五穀豐收。錢罌以硬膠製造，底座鑄有凸字「廣東省銀行」。多年前筆者曾在台灣跳虱市場覓得造型一樣的大豐收西瓜小孩石膏鉛筆刨，與錢罌相映成趣！

西瓜小孩錢罌高 165 毫米，重 138 克；玉米小孩錢罌高158 毫米，重 173 克。

結合溫度計功能的錢罌，一物二用。

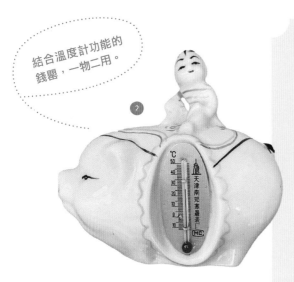

2　中國農業銀行家肥屋潤錢罌

這款瓷器可看到小孩騎在圓渾的豬上，穿上藍色橫間上衣和綠色書包，精神奕奕。豬身右邊鑄有凸字「中國農業銀行」、「助學教育儲蓄」及銀行商標，豬身左邊的金屬片上刻有「天津南郊寒暑表」。錢幣入口槽在豬背，蓋掩在底部。錢罌高 126 毫米，重 283 克。

孩童和小胖豬搪塑玩具和瓷製錢罌

文革時期的搪塑玩具，多以農民、工人、紅小兵等作為創作題材。這個搪塑玩具和瓷製錢罌，估算同是 1970 年代的設計，以象徵多子多福的孩童和象徵財富的小胖豬為造型，多子即多勞動人口，豬則是收入來源，寓意家肥屋潤，生活富足。

3　美國銀行（亞洲）米缸錢罌

2005 年送予客戶的贈禮。一個常滿的米缸和福袋，寓意儲蓄就可以豐衣足食。米缸背後印有「美國銀行（亞洲）」、「Bank of America」和銀行商標。錢罌沒有底蓋，裝滿後，可以將其敲碎取回儲蓄。錢罌是瓷製，高 74 毫米，重 106 克。

小孩放牛瓷器擺件

這件瓷器擺件色彩漂亮，造型考究，背部印有「中國工商銀行廣東省分行贈」，銀行除會推出以農村之樂為主題的錢罌，也會製作類似主題的擺件。在過去的農業社會，牛一直是人們耕作的好幫手，農民則會給牛提供新鮮的草料。有些小孩在放牛的時候還會爬到牛背上，令人感到充滿喜樂。

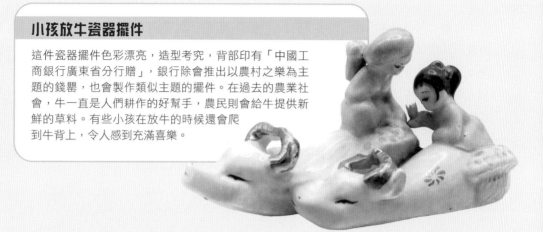

4　**國際商業信貸銀行三陽開泰錢罌**

這款瓷器可看到小孩騎在山羊上，色彩鮮明，底蓋刻有「國際商業信貸銀行敬贈」。按《說文解字》，「羊，祥也。」羊是祥的本字，有吉祥的意思，由於跟「陽」同音，人們說三陽開泰時，有時會用三隻羊的形象作吉祥的象徵。錢罌高175 毫米，重 384 克。

除了六畜，還有很多錢罌設計取材於動物，如熊、鹿、貓，甚至連河馬造型的錢罌也有不少。部分在中國文化常被視作吉祥動物，如魚、馬；部分如象、北極熊、雙峰駱駝等被列入瀕臨滅絕動物，也給人珍貴、需要愛惜之感。本節一起走進森林和原野，橫過陸地和潛入水中，探索更多動物錢罌款式。

其中多間銀行都推出過獅子錢罌，造型各有不同，除莊嚴的守護獅，亦有張口咆哮，眼睛左右探視的；又或沉默閉口，不怒而威的。有銀行甚至推出「舞獅」造型的錢罌。

獅子

獅子外形威猛無比，在中國文化常作守護獅。北京紫禁城太和殿門前就有一對獅子，張口露齒作低吼狀，肢爪強勁有力，形象威嚴，鎮守皇宮。

1 廣東省銀行守護雄獅錢罌（金棕色）

錢罌底部正面鑄有凸字「廣東省銀行」，
高 158 毫米，重 165 克。

2 廣東省銀行守護雄獅錢罌（綠色）

錢罌底部正面鑄有凸字「廣東省銀行」，
高 158 毫米，重 166 克。

3 浙江興業銀行守護雄獅錢罌（藍色）

錢罌底部正面鑄有凸字「浙江興業銀
行」，高 158 毫米，重 165 克。

4 浙江興業銀行守護雄獅錢罌（棕色）

錢罌底部正面鑄有凸字「浙江興業銀
行」，高 158 毫米，重 170 克。

5 新華銀行守護雄獅錢罌（黃色）

錢罌底部正面鑄有凸字「新華銀行」，
高 155 毫米，重 166 克。

6 新華銀行守護雄獅錢罌（綠色）

錢罌底部正面鑄有凸字「新華銀行」，
高 155 毫米，重 168 克。

以上三間銀行以硬膠製造的守護雄獅錢
罌，造型和製作類同，雄獅腳踩繡球。
獅子和底部採不同倒模，製成後再合
體。錢幣入口槽在獅頭背，方形膠蓋掩
在底部。

7 新華銀行守護雄獅錢罌（五色）

這款新華銀行守護雄獅錢罌跟上述系列
造型不同，有古銅色、黃色、橙色、紅
色和深綠色。這款錢罌製作特別之處乃
以一塊塑膠材料倒模，嵌入金屬物料的
底部和塑膠蓋掩。錢罌底部正面鑄有凸
字「新華銀行」，錢幣入口槽在獅頭背，
圓形膠蓋掩用鉛粒金屬線封口。錢罌以
硬膠製造，錢罌高 188 毫米，重 327 克。

這款守護獅可跟底座分開

8　新華銀行守護雄獅錢罌（金屬）

錢罌底座背面鑄有凸字「新華銀行」。錢罌入口槽在獅頭背，蓋掩在底部，要用鎖匙開關。錢罌以金屬鑄造，高 130 毫米，重 695 克。

9　南洋商業銀行守護雌獅錢罌

錢罌底座背面鑄有凸字「南洋商業銀行」和「Nanyang Commercial Bank Ltd.」。錢罌入口槽在獅頭背，蓋掩在底部，要用鎖匙開關。

有些銀行只推出雄獅錢罌，有些則推出一雌一雄。1960 年代送給客戶的「新華銀行守護雄獅」與「南洋商業銀行守護雌獅」，分別只有雄獅和雌獅，剛巧可湊合成一對。錢罌以金屬鑄造，高 133 毫米，重 695 克。

10　新華銀行守護雌獅錢罌

筆者從其他收藏家得知這款錢罌是新華銀行在 1998 年進行推廣活動時以港幣八十元售予市民的。錢罌底座正面鑄有「新華銀行」和銀行商標，底部鑄有「Copyright 1998 by Sin Hua Bank Ltd.」。錢罌以金屬鑄造，高 210 毫米，重 1,518 克。

11　金城銀行守護雄獅雌獅錢罌

金城銀行推出的這對雌雄獅可以移離高台，並露出高台上後方的錢幣入口槽。高台正面中央下方鑄有銀行商標。錢罌以金屬鑄造，每個錢罌（獅子連高座）高 238 毫米，重 2,480 克。守護獅可跟底座分開。

12　永隆銀行守護雄獅錢罌

守護雄獅蹲在石台上，石台的正面印有「永隆銀行」；背面是「Wing Lung

Bank」；右側有「富由儲蓄」，左側有「學貴有恒」。錢幣入口槽在獅子的口部，圓形蓋掩在底部。錢罌以脆膠製造，高175毫米，重229克。

13 合眾銀行守護雄獅錢罌

錢罌底座四邊鑄有「合眾銀行」、「United Malayan Banking Corp. Bhd.」和阿拉伯文銀行名稱。錢罌以金屬鑄造，高140毫米，重692克。

14 恒生銀行南獅頭錢罌

除了獅子錢罌，也有舞獅錢罌，舞獅於2014年被列入香港首份非物質文化遺產清單。舞獅分成兩派，北獅流行於長江以北地區，南獅又稱為醒獅，主要流行於廣東包括香港等地區。傳統南獅獅身只有簡單獅被，舞動獅頭時須展現獅子威猛的神態。這款恒生銀行南獅頭錢罌為1975年出品，是送予客戶的贈禮。南

獅頭背部鑄有銀行齒輪狀的商標。錢罌以金屬鑄造，高122毫米，重838克。

15 合眾銀行舞獅錢罌

舞獅的步法正展現獅子的威猛神態，南獅頭背後鑄有銀行商標，底座四邊鑄有「合眾銀行」、「United Malayan Banking Corp. Bhd.」和阿拉伯文銀行名稱。錢幣入口槽在獅子頂部，蓋掩在底部，要用鎖匙開關。錢罌以金屬鑄造，高138毫米，重595克。

16 萬興利銀行舞獅錢罌

舞獅神氣的步法配合了鑼鼓和花炮助慶，喜慶的橙紅和黃色增添了歡慶氛圍。錢罌正面印有「萬興利」、「BHL Bank」，底部貼紙印有「Asian Pottery Penang」，置中有一「陶」字。錢幣入口槽在獅頭頂部。錢罌是瓷製，高165毫米，底座直徑130毫米，重598克。

17

17　廣東信託商業銀行獅子錢罌

1960 年代送給客戶的錢罌。威猛的雄獅極具領導地位，錢幣入口槽設在獅頭背面，獅身的兩側分別鑄有凸字「廣東信託商業銀行」和「The Canton Trust & Commercial Bank Ltd.」。錢罌以金屬鑄造，高 110 毫米，重 1,089 克。

18　遠東銀行獅子錢罌

雄獅保護自己的領土，正審視四周環境，背部鑄有凸字「遠東銀行有限公司」和「Far East Bank Ltd.」。

錢罌以金屬鑄造，高 90 毫米，重 789 克。

19　南洋商業銀行獅子錢罌

孤傲而威武霸氣的雄獅，背部鑄有凸字「南洋商業銀行」和「Nanyang Commercial Bank Ltd.」。

錢罌以金屬鑄造，高 88 毫米，重 527 克。

20　華僑銀行獅子錢罌

雄獅是草原上的霸主，獅子左邊鑄有凸字「華僑銀行有限公司」，右邊鑄有凸字「Overseas Chinese Banking Corporation Ltd.」。錢罌以金屬鑄造，高 118 毫米，重 400 克。

21　馬來亞銀行獅子錢罌

孤傲而威武霸氣的雄獅，處於備戰狀態。獅子的左側底座上鑄有「馬來亞銀行有限公司」和阿拉伯文銀行名稱，右側鑄有凸字「Malayan Banking Limited」。錢罌以金屬鑄造，高 150 毫米，重 489 克。

22　廣東省銀行獅子錢罌

威武的雄獅保留實力捍衛領土，錢罌底座鑄有凸字「廣東省銀行」，錢幣入口槽在獅子背，蓋掩在底部，需要用鎖匙開啟。錢罌以金屬鑄造，高 100 毫米，重 613 克。

23　金城銀行獅子錢罌

雄獅伏在地上，隨時準備迎戰，錢罌底座鑄有凸字「金城銀行」，蓋掩刻有「行利工業公司」。錢幣入口槽在獅子背，蓋掩在底部，需要用鎖匙開啟。錢罌以金屬鑄造，高 103 毫米，重 510 克。

24　恒生銀行獅子錢罌

1960 年送給客戶的贈禮。一對雄獅形象威猛嚴肅，張口的雄獅向右方探視；閉口的雄獅向左方守望，建立起強大和穩固的防守能力。

獅子的左右兩旁鑄有凸字「恒生銀行有限公司」和「Hang Seng Bank Ltd.」。錢罌以金屬鑄造，張口獅子錢罌高 108 毫米，重 635 克。閉口獅子錢罌高 103 毫米，重 563 克。

25　華聯銀行獅子錢罌

1960 年代送給客戶的贈禮。保持巔峰戰鬥力的雄獅伏在地上，保衛領地。雄獅的雙前足上放置了銀行的舊商標：一個鑄有「華聯銀行」四字的圓形古錢。雄獅的左面鑄有凸字「華聯銀行」，右面鑄有凸字「Overseas Union Bank Ltd」。底部刻有錢罌的編號 2610。錢罌以金屬鑄造，高 98 毫米，重 379 克。

部分錢罌雖來自不同銀行，但造型相近，可能剛好引入相同模具。

26　香港汕頭商業銀行雄獅頭錢罌

獅頭的上下顎展露銳利牙齒，錢罌底座右面鑄有凸字「香港汕頭商業銀行」，左面鑄有凸字「Hong Kong & Swatow Commercial Bank Ltd」，錢幣入口槽在獅頭背後，圓形底蓋在底部，鑄有「KB」字樣。錢罌以軟膠製造，有白色、金棕色和紅色，高 96 毫米，重 81 克。

27　滙豐獅子錢罌（硬膠）

造型是香港上海滙豐銀行總行大廈門前右面的獅子 Stitt，蓋掩的字亦與銅獅一樣，鑄有凸字「The Hong Kong and Shanghai Banking Corporation」及「滙豐銀行」。錢罌以硬膠製造，高 143 毫米，重 785 克。

28　滙豐獅子錢罌（金屬）

造型同樣仿照香港上海滙豐銀行總行大廈門前右面的獅子 Stitt，錢幣入口槽在獅子背，蓋掩在底部，需要用鎖匙開啟。蓋掩鑄有英文凸字「The Hong Kong and Shanghai Banking Corporation」和「滙豐銀行」。錢罌以金屬鑄造，高 135 毫米，重 1,057 克。

29　滙豐獅子錢罌（脆膠）

第三個仿照獅子 Stitt 製作的錢罌，底部同樣鑄有凸字「The Hong Kong and Shanghai Banking Corporation」及「滙豐銀行」。與前兩款錢罌不同，這款錢罌的蓋掩是用鉛粒金屬線封口。錢罌以脆膠製造，高 145 毫米，重 179 克。

30　滙豐獅子錢罌（鍍銀）

仿照香港上海滙豐銀行總行大廈門前一對獅子，錢幣入口槽在獅子背，圓形蓋掩在底部。包裝盒內的字條印有「香港上海滙豐銀行有限公司敬贈」和「Presented by The Hong Kong and Shanghai Banking Corporation Limited」。錢罌以金屬鑄造，錢罌高 95 毫米，重 1,237 克。

老虎

1　集友銀行「猛虎」錢罌

據集友銀行兒童儲蓄單張（見 70 頁），「猛虎」錢罌底下以第一人稱寫的介紹如下：「我有猛虎的美麗外形，和威猛的姿態，但我是溫馴的，和善的，而且不必給我吃什麼東西，只要把零用錢省下來，投進我的肚子裏，我就會好好的去完成我的責任——替小朋友儲蓄。」描述有趣。老虎肚右側鑄有凸字「集友銀行」。錢罌以金屬鑄造，高 120 毫米，重 795 克。

2　馬來亞銀行老虎錢罌

一頭威猛的老虎在巡邏和準備擴張領地，虎虎生威。錢罌的左側草叢上鑄有凸字「馬來亞銀行有限公司」和阿拉伯文銀行名稱，右側鑄有凸字「Malayan Banking Limited」。錢罌以金屬鑄造，高 110 毫米，重 471 克。

3　華僑銀行老虎錢罌

一頭目光銳利的老虎，隨時準備突擊獵物。錢罌的正前方鑄有凸字「華僑銀行有限公司」，背面鑄有凸字「Overseas Chinese Banking Corporation Ltd.」。錢罌以金屬鑄造，高 90 毫米，重 403 克。

◁象

<u>1</u> **恒生銀行大象錢罌**

1965 年和 1968 年送給客戶的贈禮。在中國傳統文化中，大象是吉祥和太平的象徵。大象背部披有織錦背氈，而背氈的左、右方均鑄有銀行齒輪狀的商標。錢罌以金屬鑄造，高 140 毫米，重 713 克。

<u>2</u> **大華銀行大象錢罌**

在 1960 年代送給客戶的贈禮。大象背氈兩邊都鑄有銀行商標。右邊的草叢鑄有凸字「大華銀行」，左邊的草叢鑄有凸字「United Overseas Bank」。蓋掩在底部，要用鎖匙開關。錢罌以金屬鑄造，高 103 毫米，重 522 克。

<u>3</u> **華聯銀行大象錢罌**

兩款大象錢罌是在 1960 年代送給客戶的。大象背氈左邊鑄有銀行舊商標：一個鑄上「華聯銀行」四字的圓形古錢，右邊鑄有凸字「Overseas Union Bank Ltd.」。蓋掩在底部，要用鎖匙開關。上方錢罌以金屬鑄造，高 110 毫米，重 388 克。下方錢罌以金屬鑄造，高 103 毫米，重 415 克。

<u>4</u> **崇僑銀行大象錢罌**

大象背氈左面鑄有凸字「崇僑銀行有限公司」，右面鑄有凸字「Chung Khiaw Bank Ltd.」，蓋掩在底部，要用鎖匙開關。錢罌以金屬鑄造，高 95 毫米，重 520 克。

◖熊

1　廣東信託商業銀行熊錢罌

身軀龐大、四肢粗壯的熊，代表智慧和勇敢。熊背鑄有凸字「廣東信託商業銀行」和「The Canton Trust & Commercial Bank」。錢幣入口槽在熊背，蓋掩在底部，要用鎖匙開關。錢罌以金屬鑄造，高 132 毫米，重 940 克。

2　恒生銀行熊錢罌

熊造型與廣東信託商業銀行的熊錢罌類同，但體積較小、重量較輕，在 1960 至 1963 年間送給客戶的贈禮。熊的背部下方鑄有凸字「恒生銀行有限公司」和「Hang Seng Bank Ltd.」字樣。錢罌以金屬鑄造，高 130 毫米，重 528 克。

3　廣安銀行熊媽媽錢罌

熊媽媽表現出偉大的愛，全力保護躲在懷裏的兩隻小熊。錢罌的背部鑄有凸字「Kwong On Bank Ltd.」和「廣安銀行有限公司」字樣。錢罌以金屬製造，高 118 毫米，重 352 克。

猩猩

1　崇僑銀行猩猩錢罌

體形龐大的猩猩，除了具有靈活的四肢，還有很高的智力和學習能力。猩猩胸前鑄有凸字「崇僑銀行有限公司」，背後鑄有凸字「Chung Khiaw Bank Ltd.」。錢罌以金屬鑄造，高 158 毫米，重 668 克。

坡鹿

1　集友銀行坡鹿錢罌

坡鹿為中國國家一級重點保護野生動物。錢罌是集友銀行於 1960 年代為了推廣兒童儲蓄而特意製作，當時在兒童報的宣傳廣告介紹如下：「儲蓄錢箱名貴精緻，種種式式任由選擇，港幣弍元即可開戶，每戶奉送兒童手冊。」

錢罌有兩款，較大的坡鹿角可以轉動，兩款的鹿身左面鑄有凸字「集友銀行」。錢幣入口槽在鹿頸，蓋掩在鹿肚，要用鎖匙開關，錢罌的銅鎖刻有「Chiyu Banking Corporation Ltd Hong Kong」和銀行商標。

錢罌以金屬鑄造，較大的高 290 毫米，重 550 克；較小的高 260 毫米，重 553 克。

1961 年 11 月 18 日出版的《兒童報》第一版刊登了集友銀行坡鹿錢罌的廣告，插畫繪下坡鹿錢罌的模樣，正好對照。

松鼠

1　恒生銀行松鼠錢罌

1970 年出品。長着毛茸茸長尾巴的松鼠正享用努力尋找果實的成果。錢罌兩旁均鑄有銀行齒輪狀的商標。錢幣入口槽在松鼠背，蓋掩在底部，要用鎖匙開關。錢罌以金屬鑄造，高 148 毫米，重627 克。在中國文化中，松鼠可寓意長壽、招財、多子多孫。

2　崇僑銀行松鼠錢罌（厚膠）

這款塑膠松鼠和另一款金屬松鼠造型相同，松鼠背氈左側鑄有凸字「崇僑銀行有限公司」，右側鑄有凸字「Chung Khiaw Bank Ltd.」，不銹鋼蓋掩在底部，要用鎖匙開關。錢罌以厚膠製造，高105 毫米，重 110 克。

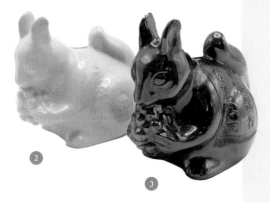

3　崇僑銀行松鼠錢罌（金屬）

松鼠背氈左側鑄有凸字「崇僑銀行有限公司」，右側鑄有凸字「Chung Khiaw Bank Ltd.」，錢幣入口槽在松鼠背，蓋掩在底部，要用鎖匙開關。錢罌以金屬鑄造，高 115 毫米，重 550 克。

企鵝

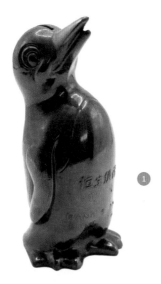

1　恒生銀行企鵝錢罌

1960 年代出品。企鵝能夠在嚴寒的氣候中生活和繁殖，翅膀短小但強而有力。企鵝的前腹鑄有「恒生銀行有限公司」和「Hang Seng Bank Ltd.」。錢幣入口槽在企鵝背，蓋掩在底部，要用鎖匙開關。錢罌以金屬鑄造，高 170 毫米，重491 克。

◁ 北極熊

1 **恒生銀行北極熊錢罌**

1973 年出品。北極熊錢罌全身銀光閃閃，造型跟大熊貓錢罌類同，只是顏色不同。北極熊擁有極厚的雪白毛髮，在雪地上是良好的保護色，成功捕食手中鮮魚。錢罌背部鑄有銀行齒輪狀的商標。錢幣入口槽在熊背，蓋掩在底部，要用鎖匙開關。錢罌以金屬鑄造，高 155 毫米，重 914 克。

2 **崇僑銀行北極熊錢罌**

北極熊胸前鑄有凸字「崇僑銀行有限公司」，背後鑄有凸字「Chung Khiaw Bank Ltd.」，錢幣入口槽在熊背，蓋掩在底部，要用鎖匙開關。錢罌以金屬鑄造，高 164 毫米，重 633 克。

錢罌包裝盒常看到小孩儲蓄的照片

◁ 袋鼠

1 **大華銀行崇僑銀行袋鼠媽媽錢罌**

袋鼠媽媽擁有強而有力的肌腱，準備為育兒袋的幼袋鼠哺乳和梳理毛髮。袋鼠媽媽的左邊身上鑄有銀行商標、凸字「United Overseas Bank」和附屬銀行「Chung Khiaw Bank」；右邊身上則鑄有銀行商標和凸字「大華銀行」、「崇僑銀行」。錢幣入口槽在袋鼠背，蓋掩在底部，要用鎖匙開關。錢罌以金屬鑄造，高 150 毫米，重 708 克。

2 **崇僑銀行袋鼠媽媽錢罌（厚膠）**

跟前述金屬袋鼠媽媽造型相同，但以厚膠製造。袋鼠媽媽左側面鑄有凸字「崇僑銀行有限公司」，右側面鑄有凸字「Chung Khiaw Bank Ltd.」，不銹鋼蓋掩在底部，要用鎖匙開關。錢罌高 140 毫米，重 93 克。

崇僑銀行袋鼠媽媽
金屬錢罌包裝盒

3　崇僑銀行袋鼠媽媽錢罌（金屬）

跟前述金屬袋鼠媽媽造型相同，袋鼠媽媽左側面鑄有凸字「崇僑銀行有限公司」，右側面鑄有凸字「Chung Khiaw Bank Ltd.」，錢幣入口槽在袋鼠背，蓋掩在底部，要用鎖匙開關。錢罌高 145 毫米，重 618 克。

🐱 貓

1　集友銀行「小貓咪」錢罌

集友銀行兒童儲蓄錢罌有一款是小貓形態，其單張介紹「小貓咪」錢罌時寫（見 70 頁）：「我雖然不會捉老鼠，但專為小朋友看管金錢，忠於職守，也值得人們喜愛。我也需要充足的糧食，而我的糧食不是別的，而是小朋友節省下來的零用錢，只要給我吃飽，我一定為我的小主人忠誠服務，使他永遠受用無窮。」錢罌左面鑄有凸字「集友銀行」。錢幣入口槽在貓頸，蓋掩在底部，要用鎖匙開關，鎖頭刻有「Chiyu Banking Corporation Ltd Hong Kong」和銀行商標。錢罌以金屬鑄造，高 150 毫米，重 427 克。

2　恒生銀行小貓錢罌

1972 年送給客戶的贈禮。有銀身藍眼睛、金身綠眼睛兩款，小貓右邊鑄有銀行齒輪狀的商標。錢幣入口槽在貓頸，蓋掩在底部，要用鎖匙開關。錢罌以金屬鑄造，高 162 毫米，重 579 克。

3　中國農業銀行小貓錢罌

雪白的小貓戴上紅色帽子，乖乖的等待大家放入儲蓄。貓身印有「少兒儲蓄」及「農業銀行」。錢幣入口槽在帽上，將帽子拔開便可以取回儲蓄。錢罌以軟膠製造，高 140 毫米，重 35 克。

魚

　　根據萬興利銀行一款魚生錢罌的包裝介紹，魚在華人社會裏代表着富裕、興隆、忍耐及剛毅。魚逆游而上和生生不息的精神，提醒人們在追求目標時的應有態度。在喜事的場合，魚更是一種不可或缺的東西。例如在婚禮上，一雙魚比喻一對新人的美滿、和諧與幸福。

　　歷年不少銀行都發行過以魚為設計造型的錢罌。

1　有利銀行鯉魚錢罌

有利銀行鯉魚錢罌採用傳統代表喜慶的紅色和鯉魚的設計，「鯉」與「利」為諧音，「魚」與「餘」則同音，代表「滿堂吉慶、有餘有利」。錢罌以硬膠製造，錢幣入口槽設在鯉魚背鰭下，右邊魚背鑄有凸字「有利銀行」四字，左邊魚背則鑄有凸字「Mercantile Bank Ltd」。

魚肚設有蓋掩，以鉛粒金屬線封口，鉛粒印有「MB」，代表 Mercantile Bank Ltd.。剪開金屬線，便可以向魚尾方向移開。錢罌高 115 毫米，重 95 克。

2　萬興利銀行「魚生」錢罌

採用喜慶的橙紅色、在跳躍中的瓷製鯉魚，與一對運財童子為大家帶來祝福。包裝盒上印有「財源廣進　年年有餘」和「Wishing you Abundance of Prosperity and Wealth throughout the year」，還有貼紙印有「Manufactured By Asian Pottery」，置中有一「陶」字。錢罌高150毫米，重530克。

3　恒生銀行金魚錢罌

1973年出品。金魚形態生動，就好像在水中央，如魚得水。金魚的諧音為「金玉」，象徵財富，金玉滿堂便多用來祝福別人能得富貴榮華。金魚的肚鑄有銀行齒輪狀的商標。錢幣入口槽在魚背，蓋掩在底部，要用鎖匙開關。錢罌以金屬鑄造，高138毫米，重1,064克。

4　合眾銀行鯉躍龍門錢罌

一條正在奮力跳躍的鯉魚逆流而上，在滾滾江浪中奮發前進，喻意「一躍龍門，身價百倍」。錢罌正面鑄有銀行商標和底座鑄有「United Malayan Banking Corp. Bhd.」，底座背面鑄有阿拉伯文銀行名稱，錢罌左右兩面鑄有「合眾銀行」。

錢幣入口槽在魚身，蓋掩在底部，要用鎖匙開關。錢罌以金屬鑄造，高110毫米，重581克。

石膏製小貓金魚錢罌

筆者特別喜愛金魚，圖中雖然不是銀行錢罌，但這對石膏製小貓金魚錢罌已陪伴筆者三十年。大家見到小貓獲得儲蓄盈餘的喜樂神態嗎？

鴨子

　　中國自隋朝開始，採用科舉制度，開科取士，唯才是用，考試分級進行，至元、明、清各朝，發展為「童試」、「鄉試」、「會試」和「殿試」。鄉試中式者稱為「舉人」，具備做官資格，會試中式者為「貢士」，再經殿試訂定名次稱「三甲」，一甲三名。榜首為「狀元」，依次是「榜眼」及「探花」。鴨因與「甲」同音，正好寓意科舉之甲。

　　有些人會送贈鴨子給出門遠行的人，祝福對方前程錦繡。

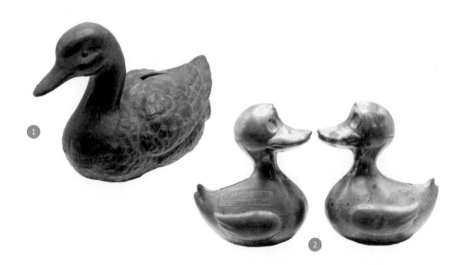

1	南洋商業銀行鴨子錢罌	2	新華信託銀行鴨子錢罌
	1960 年代送給客戶的贈禮，錢罌正面鑄有凸字「南洋商業銀行」和「Nanyang Commercial Bank Ltd」。錢幣入口槽在鴨背，蓋掩在底部，需用鎖匙開關。錢罌以金屬鑄造，高 102 毫米，重 695 克。		錢罌右邊鑄有凸字「新華信託銀行一九三〇」，可能是 1930 年在上海或北京送出的。錢幣入口槽在鴨背，蓋掩在底部，需用鎖匙開關。錢罌以金屬鑄造，高 130 毫米，重 114 克。

◖ 天鵝

1　恒生銀行天鵝錢罌

1973 年出品,有金、銀、銅三色,天鵝的兩邊翅膀上鑄有銀行齒輪狀的商標。錢幣入口槽在天鵝背,蓋掩在底部,要用鎖匙開關。錢罌以金屬鑄造,高 122 毫米,重 694 克。

天鵝為終身伴侶制,被視為愛情和忠誠的象徵。由於牠們是「冬候鳥」,每年三、四月都會從中國南方飛向北方繁殖,十月過後結隊南遷,在較溫暖的地方過冬,過程中必定經歷種種難關,因此亦象徵強壯及旺盛的生命力。

◖ 河馬

1　華僑銀行河馬錢罌

河馬喜歡群居,也是陸地上嘴巴最大的動物,寓意生意興隆,吞吃四方,財源廣進。河馬錢罌的左邊鑄有凸字「華僑銀行有限公司」,右邊鑄有凸字「Overseas Chinese Banking Corporation Ltd.」。錢幣入口槽在河馬背,蓋掩在底部,要用鎖匙開關。錢罌以金屬鑄造,高 83 毫米,重 366 克。

2　美國大通銀行河馬錢罌

有黃色、藍色兩款,是在 1970 年代初期贈送給客戶。卡通化的河馬四足都穿上波鞋,可愛又趣怪。錢罌兩邊鑄有銀行商標和凸字「美國大通銀行」。錢罌以硬膠製造,高 110 毫米,重 250 克。

大華銀行崇僑銀行犀牛錢罌包裝盒

犀牛

1 大華銀行犀牛錢罌（厚膠）

呈灰色的犀牛身體粗壯，雖是植食性動物，體形是僅次於大象的大型陸地動物。犀牛背左右兩邊鑄有銀行商標，錢幣入口槽在犀牛背，圓形蓋掩在底部，要用鎖匙開關。錢罌以厚膠製造，高88毫米，重165克。

2 崇僑銀行犀牛錢罌（金屬）

犀牛背甂左側鑄有凸字「崇僑銀行有限公司」，右側鑄有凸字「Chung Khiaw Bank Ltd.」，錢幣入口槽在犀牛背，蓋掩在底部，要用鎖匙開關。錢罌以金屬鑄造，高80毫米，重515克。

3 崇僑銀行犀牛錢罌（厚膠）

這款藍色塑膠犀牛和上款金屬犀牛造型相同，犀牛背甂左側鑄有凸字「崇僑銀行有限公司」，右側面鑄有凸字「Chung Khiaw Bank Ltd.」，錢幣入口槽在犀牛背，不銹鋼蓋掩在底部，要用鎖匙開關。錢罌以厚膠製造，高73毫米，重107克。

4 大華銀行崇僑銀行犀牛錢罌（金屬）

跟前述兩款犀牛錢罌造型相同，左面身上鑄有銀行商標、凸字「United Overseas Bank」和附屬銀行「Chung Khiaw Bank」；右面身上鑄有銀行商標和凸字「大華銀行」、「崇僑銀行」。錢幣入口槽在犀牛背，蓋掩在底部，要用鎖匙開關。錢罌以金屬鑄造，高80毫米，重535克。

四方帽可
扭動除下

貓頭鷹

1　恒生銀行貓頭鷹錢罌

1970 年出品，為恒生出品的八十多個錢罌中，少數由配件組合而成的，貓頭鷹身穿禮服及可扭動除下的四方帽，透過圓圓的大眼鏡展露分別睜開和合上的眼睛，讓人感覺是一位充滿自信和生活情趣的學者。錢罌背部鑄有銀行齒輪狀的商標，錢幣入口槽在背部，蓋掩在底部，要用鎖匙開關。錢罌以金屬鑄造，高 144 毫米，重 743 克。

青蛙

1　崇僑銀行青蛙錢罌

青蛙只會向前跳躍，寓意勇往直前。大、小青蛙蹲伏着，保持最佳狀態。青蛙的左側背鑄有凸字「崇僑銀行有限公司」，右側背鑄有凸字「Chung Khiaw Bank Ltd.」。

錢幣入口槽在背部，蓋掩在底部，要用鎖匙開關。錢罌以金屬鑄造，大青蛙高 95 毫米，重 375 克。小青蛙高 62 毫米，重 178 克。

◁ 兔

1　中國農業銀行小兔錢罌

小兔乖乖的坐着讓人觸摸，惹人喜愛，正等待大家放入儲蓄。兔身左邊鑄有凸字「少兒儲蓄紀念」及銀行商標，雖然沒有銀行名稱，估算是中國農業銀行出品。錢幣入口槽在右耳上，圓形蓋掩在底部。錢罌以軟膠製造，錢罌高 83 毫米，重 45 克。

2　中南銀行白兔錢罌

白兔有長耳朵、紅眼睛，以植絨穿上白色的外衣，造型生動可愛。錢幣入口槽在背部，軟膠蓋掩在底部，貼紙寫上「中南銀行敬贈」。按物料估算這錢罌是 1960 至 1970 年代盛行的玩具製品。錢罌以軟膠製造，高 166 毫米，重 72 克。

3　華聯銀行小兔錢罌

在 1960 年代贈送給客戶的。垂着雙耳的兔子，乖巧地等待着主人。在小兔的前左足上鑄有銀行商標；一個鑄上「華聯銀行」四字的圓形古錢，右前足上則鑄有凸字「Overseas Union Bank Ltd.」。底蓋刻有「Oubank Ltd.」和錢罌編號 9038。錢幣入口槽在背部，蓋掩在底部，要用鎖匙開關。錢罌以金屬鑄造，高 135 毫米，重 504 克。

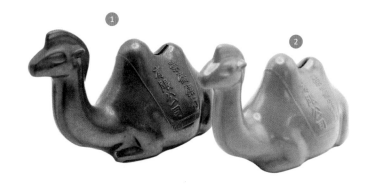

◁ 雙峰駱駝

1　崇僑銀行駱駝錢罌（金屬）

雙峰駱駝是世界級珍禽，非常耐饑渴，能負重，給人堅韌的感覺，被稱為「沙漠之舟」。駱駝為民眾提供馱運和騎乘。駝峯上背氊左側鑄有凸字「崇僑銀行有限公司」，右側鑄有凸字「Chung Khiaw Bank Ltd.」。蓋掩在底部，要用鎖匙開關。錢罌以金屬鑄造，高 110 毫米，重 565 克。

2　崇僑銀行駱駝錢罌（厚膠）

這款塑膠駱駝和上款的金屬駱駝造型相同，駱駝左側鑄有凸字「崇僑銀行有限公司」，右側鑄有凸字「Chung Khiaw Bank Ltd.」，不銹鋼蓋掩在底部，要用鎖匙開關。錢罌以厚膠製造，高 105 毫米，重 99 克。

◁ 恐龍

1　崇僑銀行雷龍錢罌

恐龍雖然早在大約兩億一百四十多萬年前滅絕，但其威猛的形象深得人們喜愛。這款雷龍錢罌披上背氊，左側鑄有凸字「崇僑銀行有限公司」；右側鑄有凸字「Chung Khiaw Bank Ltd.」。蓋掩在底部，要用鎖匙開關。錢罌以金屬鑄造，高 98 毫米，重 730 克。

◖ 龍

1　新嘉坡銀行飛龍在天錢罌

飛龍盤於整個錢罌。龍是中國傳說中的生物。相傳龍在休養生息時潛藏深淵，修養成熟，就躍出水面，可騰雲駕霧，呼風喚雨，被認為是吉祥、神聖、權威的象徵。錢罌頂部則鑄有凸字「新嘉坡銀行」和「Bank of Singapore Ltd.」，「新嘉坡銀行」中的「嘉」字並非錯字，為獨立初期的通用華文國名。1972 年 4 月 25 日，「新加坡」才正式成為國家的華文譯名。

蓋掩在底部，並印有編號「2921」，要用鎖匙開關。錢罌以金屬鑄造，高 850 毫米，直徑 980 毫米，重 384 克。

2　合眾銀行騰龍吐珠錢罌

「騰龍吐珠」代表火龍獻寶，寓意吉祥富貴。錢罌正面鑄有銀行商標，底座鑄有阿拉伯文銀行名稱，底座另一面鑄有凸字「United Malayan Banking Corp.Bhd.」。蓋掩在底部，要用鎖匙開關。錢罌以金屬鑄造，高 100 毫米，長 160 毫米，闊 70 毫米，重 618 克。

紙鎮

以下多款不同造型的紙鎮，造型跟上述介紹過的錢罌相近，甚至一樣，估算是銀行為了配合錢罌造型而推出。

不同地方都有家喻戶曉的人物，如聖誕老人、財神、福祿壽三星等。他們有些是神話人物，有些出自民間傳說，有些可能曾經真有其人。這些造型可愛，又或象徵某種美好祝福的形象化成錢罌的形態，總能讓人會心微笑。

聖誕老人

　　根據西方文化，聖誕老人會在平安夜到每家每戶送禮物給小孩子。他乘坐由馴鹿拉動的飛天車漫天巡遊，觀察孩子的表現，如果表現乖巧，就會得到蘋果、堅果等作禮物，家長往往喜歡用此傳說來說服孩子聽教聽話，聖誕老人也成為家喻戶曉的人物，深受不同地方的人喜愛。

　　恒生銀行推出過幾款聖誕老人錢罌，可見聖誕老人揹着一大袋禮物，包括氣球、長長的棒棒糖或玩具兔等。聖誕老人更微笑着向小孩子揮手，邀請他們來領取禮物。當時社會物質貧乏，收取禮物是大部分孩子的夢想。禮物袋上還鑄有「恒生銀行有限公司」、「Hang Seng Bank Ltd.」和銀行齒輪狀的商標。

1　恒生銀行聖誕老人錢罌（單汽球）

1960 年出品，單汽球聖誕老人與雙汽球聖誕老人錢罌造型相近，聖誕老人拿着一個汽球和禮物袋。錢幣入口槽在背部，蓋掩在底部，要用鎖匙開關。錢罌以金屬鑄造，高 145 毫米，重 421 克。

2　恒生銀行聖誕老人錢罌（雙汽球）

1960 年出品，聖誕老人拿着兩個汽球和禮物袋。錢幣入口槽在背部，蓋掩在底部，要用鎖匙開關。錢罌以金屬鑄造，高 163 毫米，重 490 克。

1946 年成立的中國郵學會，在 1960 年 6 月 20 日的會刊《郵光》第十一卷第二期中，就展示恒生銀行聖誕老人錢罌，另外還有鋼琴錢罌（見 195 頁）、企鵝錢罌（見 131 頁）和獅子錢罌（見 124 頁），並在介紹中寫：「恒生銀行家庭儲蓄，港幣拾圓即可開戶，精緻錢箱專供貯款，星期六下午照常營業。」

攝影還未普及時，錢罌廣告多用圖畫呈現，別具風味。

3　**恒生銀行聖誕老人錢罌**

1968 年出品，聖誕老人拿着禮物袋。錢幣入口槽在背部，蓋掩在底部，要用鎖匙開關。錢罌以金屬鑄造，高 180 毫米，重 633 克。

彌勒佛

　　在北京西山大覺寺天王殿內，端坐着開懷大笑的大肚彌勒佛。他盤坐於須彌座上，左手握着一個巨大的布袋，右手持着一串念珠，置於右膝蓋上，袒胸露腹，雙耳垂於雙肩之上。北京的潭柘寺彌勒佛有一副對聯：「大肚能容，容天下難容之事；開口便笑，笑世間可笑之人。」彌勒佛造型的錢罌，使人聯想到彌勒佛的慈顏善目及佛家的寬闊胸懷。

1　**廣東信託商業銀行彌勒佛錢罌**

彌勒佛背面鑄有凸字「廣東信託商業銀行」和「The Canton Trust & Commercial Bank」。錢幣入口槽在背部，蓋掩在底部，要用鎖匙開關。錢罌以金屬鑄造，高150毫米，重695克。

2　**廣安銀行彌勒佛錢罌**

彌勒佛背部鑄有凸字「Kwong On Bank Ltd.」和「廣安銀行有限公司」。錢幣入口槽在背部，蓋掩在底部，要用鎖匙開關。錢罌以金屬鑄造，高 110 毫米，重 484 克。

3　**廣東省銀行彌勒佛錢罌**

金光閃閃的彌勒佛背面近底部鑄有凸字「廣東省銀行」，錢幣入口槽在背部，蓋掩在底部，要用鎖匙開關。錢罌以金屬鑄造，高 110 毫米，重 584 克。

4　**恒生銀行彌勒佛錢罌**

1966 年出品，彌勒佛底座正面鑄有凸字「恒生銀行」，背後則鑄有齒輪狀的商標。錢幣入口槽在背部，蓋掩在底部，要用鎖匙開關。錢罌以金屬鑄造，高 120 毫米，重 594 克。

瓷器重要的生產基地景德鎮

景德鎮以製瓷聞名，從宋代開始，就是瓷器的重要生產基地，北宋第三位皇帝宋真宗將自己的年號「景德」賜給這個產瓷區，並規定當時的人在瓷器產品底部寫「景德年製」四字。位於景德鎮分行送贈客人瓷器錢罌和擺件，極具天時地利之優勢！

---

5 **大華銀行五福童子彌勒佛錢罌**

有傳說指，觀音菩薩曾送彌勒佛祖一個蓮蓬，彌勒佛祖把蓮蓬裝進布袋，變成了五個童子，代表五福，分別是長壽、富貴、康寧、好德、善終。這個錢罌除有彌勒佛，也看到五位各有美好祝願的童子。彌勒佛背部鑄有凸字「大華銀行」和「United Overseas Bank」，錢幣入口槽在背部，蓋掩在底部，要用鎖匙開關。錢罌以金屬鑄造，高 150 毫米，重 709 克。

6 **中國工商銀行彌勒佛錢罌**

這款瓷製錢罌背後寫上「中國工商銀行景德鎮分行」和銀行商標，底部有「景德鎮雕塑瓷廠」的字樣。

錢幣入口槽在背部，蓋掩在底部。錢罌高 118 毫米，重 516 克。

◁ 財神

　　財神是掌管金錢及財富的神明。在民間習俗中，人們會在春節除夕，徹夜不眠，等待接財神，祈求來年財運亨通。有人亦特意盛裝打扮成財神爺「送財神上門」。日常生活家居、店舖、公司中也常見請財神，供財神，希望財神爺帶來好財運。

1 **遠東銀行財神錢罌**

財神錢罌頸上掛着金錢形的「金牌」，是遠東銀行商標的中間部分，鑄有凸字「遠東銀行」，另一面則是一對鯉魚，底座鑄有凸字「Made in Hong Kong」。錢幣入口槽在背部，圓形蓋掩在底部，扭動至適當位置可以打開取回儲蓄。錢罌以硬膠製造，並掃上金漆，高 285 毫米，重 501 克。

2 **恒生銀行財神錢罌**

1973 年出品，有金色和銀色兩款，背部鑄有銀行齒輪狀的商標。錢幣入口槽在背部，蓋掩在底部，要用鎖匙開關。錢罌以金屬鑄造，高 205 毫米，重 719 克。

3 **中國工商銀行財神錢罌**

色彩漂亮的財神笑逐顏開地雙手呈獻元寶。這款瓷製錢罌背後有「中國工商銀行儲蓄部贈」的字樣和銀行商標，底部有「景德鎮雕塑瓷廠」的字樣。錢幣入口槽在頸背，圓形蓋掩在底部，錢罌高 143 毫米，重 335 克。

福祿壽三星

　　福祿壽三星，起源於遠古的星辰自然崇拜。福祿壽三位一體，在明清時代已盛行，表示三星照耀，人間才有喜悅祥瑞之氣。「福星」代表五福臨門、「祿星」代表高官厚祿、「壽星」代表長命百歲，在中國文化裏，「福祿壽三星」很受民間歡迎。

1　恒生銀行福祿壽三星錢罌（白鑞大商標）

1973 年出品，以原色白鑞金屬鑄造，錢罌背部鑄有銀行齒輪狀的商標。這套錢罌的銀行商標較金色大商標福祿壽三星錢罌為大。錢幣入口槽在背後，蓋掩在底部，要用鎖匙開關。福星錢罌高 215 毫米，重 600 克。祿星錢罌高 205 毫米，重 560 克。壽星錢罌高 205 毫米，重 650 克。

2　恒生銀行福祿壽三星錢罌（金色大商標）

與原色白鑞大商標福祿壽三星錢罌的造型相同，鍍上了金色。錢幣入口槽在背部，蓋掩在底部，要用鎖匙開關。錢罌以金屬鑄造，福星錢罌高 215 毫米，重 695 克。祿星錢罌高 205 毫米，重 645 克。壽星錢罌高 205 毫米，重 723 克。

3　恒生銀行福祿壽三星錢罌（金色細商標）

三星背後的商標較前兩套細，錢幣入口槽在背部，蓋掩在底部，要用鎖匙開關。錢罌以金屬鑄造，鍍上了金色，福星錢罌高 215 毫米，重 1,098 克。祿星錢罌高 215 毫米，重 811 克。壽星錢罌高 210 毫米，重 1,059 克。

4 華僑銀行福祿壽三星錢罌（彩色）

髹上豐富色彩的福祿壽三星，錢幣入口槽在三星背後，若要取回儲蓄，可以將三星拔離台座，但必須先剪斷底座的鉛粒金屬線封口。三星背後鑄有銀行的中國帆船商標、「華僑銀行有限公司」、「OCBC」和銀行阿拉伯文名稱。錢罌以硬膠製造，福星錢罌高 245 毫米，重138 克。祿星錢罌高 230 毫米，重 118克。壽星錢罌高 233 毫米，重 132 克。

5 華僑銀行福祿壽三星錢罌（象牙色）

華僑銀行的象牙色福祿壽三星錢罌和綠色福祿壽三星錢罌，除了用不同顏色和使用較軟的塑膠材料製造，這兩套錢罌和彩色福祿壽三星錢罌造型設計相同。

福星錢罌高 245 毫米，重 119 克。祿星錢罌高 230 毫米，重 116 克。壽星錢罌高 230 毫米，重 126 克。

6 華僑銀行福祿壽三星錢罌（綠色）

福星錢罌高 245 毫米，重 107 克。祿星錢罌高 228 毫米，重 120 克。壽星錢罌高 230 毫米，重 120 克。

奇妙卡通

不同年齡層的朋友，在成長歲月中，都會看過卡通片，或認識不同的卡通人物，其中以迪士尼角色最廣為人知。自 1960 年代開始，渣打銀行與華特・迪士尼公司合作推出迪士尼卡通人物造型的錢箱作為客戶禮品，不知道大家是否曾經擁有？

除了米奇老鼠、唐老鴨等大眾耳熟能詳的迪士尼卡通人物，銀行也會推出其他卡通造型款式，吸引喜歡可愛造型的客戶。

1　渣打銀行「百寶鴨」錢箱

渣打銀行百寶鴨錢箱以迪士尼動畫中富有的史高治叔叔為主角，他坐在夾萬上，雙手雙腳交叉，手抱夾萬鎖匙，配合嚴肅謹慎的表情，予人無論發生什麼事情都會緊守財富的感覺。夾萬正面有銀行商標貼紙，夾萬兩側鑄有「The Chartered Bank」及「渣打銀行」，背部鑄有華特・迪士尼商標。錢幣入口槽在背部，蓋掩在底部。錢箱以厚膠製造，高 203 毫米，重 233 克。

在 1966 年 1 月一期《和路迪斯尼畫刊》漫畫封底中的一則廣告，反映渣打銀行跟華特・迪士尼公司當時的合作推廣計劃：「即向附近渣打銀行開戶儲蓄　請即參加渣打銀行迪斯尼儲蓄戶口，即送最新精美百寶鴨錢箱。」

2　**第一代唐老鴨錢箱**

尺寸較第二代細小，錢袋上有銀行商標貼紙，背部鑄有凸字「The Chartered Bank」，沒有華特‧迪士尼商標。錢幣入口槽在背部，圓形蓋掩在底部，以鉛粒金屬線封口。錢箱以脆膠製造，高177毫米，重79克。

3　**第二代唐老鴨錢箱**

分為中文和英文版兩款，唐老鴨背後貼紙分別印有「Chartered Bank」和「渣打銀行」，錢袋上有銀行商標貼紙，背部鑄有華特‧迪士尼商標，錢幣入口槽在背部，圓形蓋掩在底部，以鉛粒金屬線封口。錢箱以厚膠製造，高210毫米，重211克。

4　**第三代唐老鴨錢箱**

錢袋上鑄有凸字「Chartered Bank」和「渣打銀行」，沒有銀行商標貼紙，錢幣入口槽在背部，圓形蓋掩在底部，以鉛粒金屬線封口。錢箱以厚膠製造，高195毫米，重214克。

各代唐老鴨錢箱看來相似，卻有着細微的差異。

⑤

⑥

5 渣打銀行聯乘東方銀行唐老鴨錢箱

鴨身正前方鑄有凸字「The Chartered Bank」和「The Eastern Bank Ltd.」，估算錢袋上有銀行商標貼紙，但已遺失。錢箱身後鑄有凸字「© Walt Disney Productions」，錢幣入口槽在背部，圓形蓋掩在底部，以鉛粒金屬線封口（已遺失）。錢箱以脆膠製造，高 170 毫米，重 98 克。

6 渣打銀行唐老鴨錢箱（藍衣）

手持的紅色錢袋鑄有凸起的重疊纏繞的 S、C 銀行商標，身後印有凸字「Standard Chartered」，為渣打銀行在 1975 至 2002 年間的銀行商標。錢箱底部鑄有凸字「© Walt Disney Productions」，錢幣入口槽在背部，圓形蓋掩在底部。

錢箱以厚膠製造，高 185 毫米，重 136 克。

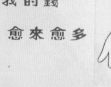

唐老鴨
越餵越肥
我的錢
愈來愈多

© WALT DISNEY PRODUCTIONS

請速參加
渣打銀行迪斯尼儲蓄
開戶即送特種圖案迪斯尼存摺一本並贈精美唐老鴨錢箱
週息三厘

THE CHARTERED BANK
渣打銀行

香港總分行：德付道中四号

分行：九龍彌敦道·旺角·深水埗·新蒲崗·荃灣·官塘·彩虹

渣打銀行唐老鴨錢箱

從 1964 年 10 月出版的第五期第十號《青年香港》的封面內頁廣告中，可見身穿水手裝的唐老鴨被餵食錢幣：「唐老鴨越餵越肥，我的錢越來越多。請速參加渣打銀行迪斯尼儲蓄，開戶即送特種圖案迪斯尼存摺一本，並贈精美唐老鴨錢箱，週息三厘。」

刊於第二十一期《迪斯尼卡通畫刊：米老鼠》的廣告，繪下了「渣打銀行富貴貓錢箱」的可愛造型。

⑦

7　渣打銀行富貴貓錢箱

富貴貓造型仿照迪士尼 1970 年的動畫《貓兒歷險記》（The Aristocats）中的灰貓柏里歐（Berlioz），頸上繫有紅色的蝴蝶結，自信地昂首拿着音樂指揮棒。錢罌底座前後鑄有凸字「渣打銀行」，左右兩側有「The Chartered Bank」，貓背印有華特・迪士尼商標。錢幣入口槽在背部，蓋掩在底部。錢箱以厚膠製造，高 195 毫米，重 212 克。

第二十一期《迪斯尼卡通畫刊：米老鼠》一則廣告在介紹「渣打銀行富貴貓錢箱」時寫：「富貴貓活潑可愛，一見就逗人歡喜，但是，他有多重呢？這點，除了你之外，誰也不知道！其實，富貴貓和米老鼠、唐老鴨、小肥豬等都是渣打銀行特製的迪士尼錢箱，是送給開兒童儲蓄戶口的小朋友的禮物。你放進去的錢越多，他們的體重就越增，因此他們的體重多少，只有你才知道！你想有一個怎樣的迪士尼錢箱呢？重的還是輕的？到渣打銀行開戶，取個回家吧，你還會得到一本精美的存摺，記錄你的儲蓄。」

1970 年代的一款錢箱可見渣打先生有一隻手放在大腿上，復刻版則把雙手都放上大腿。

⑧

⑨

8　渣打銀行「渣打先生」錢箱

「渣打先生」是銀行於 1970 年代創造出來的角色，曾於多個渣打廣告中出現，廣為人所熟悉。「渣打先生」以一位充滿智慧的紳士，呈現銀行為客戶保管財富的形象。夾萬兩側鑄有凸字「The Chartered Bank」和「渣打銀行」，背部鑄有製造商「Playmates」商標。錢幣入口槽在背部，蓋掩在底部。錢箱以厚膠製造，高 195 毫米，重 212 克。

9　渣打銀行復刻版「渣打先生」錢箱

在「渣打藝趣嘉年華 2014」的渣打攤位答中問題，就可得到這款復刻版「渣打先生」。夾萬兩側鑄有凸字「Standard Chartered Bank (Hong Kong) Limited」和「渣打銀行（香港）有限公司」。復刻版

與 1970 年代渣打先生有什麼分別呢？復刻版雙手放在大腿上。錢幣入口槽在背部，蓋掩在底部。錢箱以厚膠製造，高 196 毫米，重 217 克。

10　渣打銀行桑普及邦尼錢箱

一套兩款，造型仿照 1942 年迪士尼動畫《小鹿斑比》中的兩個角色。錢罌底座鑄有凸字「The Chartered Bank」和「渣打銀行」。錢幣入口槽在背部，蓋掩在底部。錢箱以厚膠製造，桑普（Thumper）錢箱及邦尼（Bunny）錢箱高 258 毫米，重 299 克。

11　渣打銀行「小豬八戒」錢箱

1968 年 10 月的《快報》渣打銀行廣告介紹了小豬八戒錢箱：「最好玩的儲蓄辦法免費贈送，在渣打銀行儲蓄五元以上

開戶，即送七彩精美小豬八戒錢箱。家長們應藉此機會，教導子女養成儲蓄的良好習慣。」

小豬八戒錢箱造型仿照華特・迪士尼動畫裏的三隻小豬。雖然小豬以《西遊記》中豬八戒的名字命名，但是卻穿着西服打蝴蝶結，頭戴小帽子，笑容自信地站着拉大提琴，可算是中西合璧。小豬八戒站着的黃色底座前後均鑄有「渣打銀行」，兩側鑄有「The Chartered Bank」，背面鑄有「Walt Disney Productions」。錢幣入口槽在背部，蓋掩在底部。錢箱以厚膠製造，高 225 毫米，重 297 克。

12　**渣打銀行米奇老鼠錢箱（藍衣）**

以經典的華特・迪士尼角色「米奇老鼠」配上招牌笑容及歡迎的手勢為造型。底座正面鑄有凸字「Standard Chartered Bank」和渣打銀行在 1975 至 2002 年間的銀行商標。背面鑄有「渣打銀行」和「© 1986 Walt Disney Company」。錢幣入口槽在背部，蓋掩在底部。錢箱以脆膠製造，高 250 毫米，重 193 克。

13　**渣打銀行米奇老鼠錢箱（黃衣）**

有兩個尺寸，兩款米奇老鼠的造型一樣，都是穿着黃衣、紅褲和紅鞋，舉起左手打招呼，右手拿着橙色的大錢袋。錢袋背後鑄有「The Chartered Bank」、「渣打銀行」及華特・迪士尼商標。錢幣入口槽在背部，蓋掩在底部。錢箱以脆膠製造，大米奇老鼠錢罌高 205 毫米，重 109 克。小米奇老鼠錢罌高 170 毫米，重 112 克。

錢罌能反映社會背景，千年蟲錢罌正反映當時人們關心的議題。

14 渣打銀行小飛象錢箱

造型仿照華特・迪士尼於 1941 年製作及發行的《小飛象》主角造型。主角小飛象大寶（Dumbo）有一雙大耳朵，身體背面印有「©Walt Disney Productions」，可惜失落了印有銀行商標和「The Chartered Bank」的貼紙。錢幣入口槽在背部，蓋掩在底部。錢箱以脆膠製造，高 168 毫米，重 108 克。

15 渣打銀行千年蟲錢罌

千年蟲問題曾經引起社會各界關注。由於早期電腦為節省用作儲存媒介的硬體成本，只採用兩位數字來記錄年份。千禧年臨近，科技界發現舊式電腦程式未必能處理由 99（1999）年變為 00（2000）年的數字變化，從而有機會因電腦系統

紊亂而導致各種問題，如影響電力、銀行、醫療設施運作等。

千年蟲錢罌將這個千年一遇的問題形象化，以昆蟲配合類似太空倉的錢罌設計，記錄踏入新時代。整個錢罌設計造型似一座半圓形高科技設施，旁邊有三隻準備執行任務的「千年蟲」。錢罌正面一塊透明膠片印有「Dance Into The Millennium」、「Standard Chartered」。錢幣入口槽設在頂部，放入錢幣時會發出音樂；圓形蓋掩在底部，拔出後可取回儲蓄。錢罌以科學黏土製造，高 105 毫米，重 645 克。

16 滙豐 Leo 獅子錢罌

卡通化的雄獅笑容可掬，神氣地坐在石上，雙手可以任意轉動，改變雄獅造

你能看出這個錢罌的入口槽是藏在嘴裏嗎？

型。石下是由四個 1973 年發行的香港一元輔幣疊起的台階。錢幣入口槽在獅子頭頂，底部圓形蓋掩以鉛粒金屬線封口。錢罌以厚膠製造，高 218 毫米，重 259 克。

1970 年代隨着廣告業的迅速發展，被人們戲稱為獅子銀行的滙豐銀行，由銀行著名的銅獅斯蒂芬（Stephen）和施迪（Stitt）啟發而創造出一隻卡通獅子 Leo，活躍於宣傳商品服務，報紙和電視廣告。

1974 年《星島日報》的一則廣告，曾繪有這隻獅子在跑道上蹲着準備起跑的姿勢，牠的背心背上寫着「98」。廣告內容正是宣傳滙豐銀行第 98 間分行在旺角大大公司開設，並標明為袖珍銀行，專責為儲蓄和個人往來戶口服務。

17　滙豐小 Leo 獅子錢罌

造型可愛，圓圓的黃色獅身，胸口的膠貼紙印有「HSBC」及紅色六角形商標，頸上掛有一粒 LED 燈糖果，按扭在糖果背後。錢幣入口槽在頭背，扭開頭部可以取回儲蓄。錢罌以厚膠製造，高 170 毫米，重 154 克。

18　遠東銀行金鼠錢罌

老鼠不但嗅覺敏銳，警惕性亦甚高，身體很靈巧。如按天干地支和五行的對應關係，庚屬金，子為鼠，在庚子年出生便屬金鼠。錢幣入口槽隱藏在小嘴，扭開頭部可以取回儲蓄。金鼠頭背有遠東銀行的金錢形徽號，是遠東銀行商標的中間部分，背部鑄有凸字「遠東銀行有限公司」和「Far East Bank Ltd.」。錢罌以厚膠製造，高 155 毫米，重 106 克。

19 中南銀行小狗小兔小貓錢罌

卡通造型的錢罌，色彩鮮艷，人見人愛！這三款錢罌與浙江興業銀行的小狗、小兔、小貓錢罌的造型相同，估算是 1970 至 1980 年代的出品。錢罌底座正前方鑄有凸字「中南銀行」，錢幣入口槽在頭背，圓形膠蓋掩在底部。錢罌以厚膠製造，小狗錢罌高 153 毫米，重 163 克。小兔錢罌高 188 毫米，重 153 克。小貓錢罌高 156 毫米，重 163 克。

20 浙江興業銀行小狗小兔小貓錢罌

卡通造型，色彩鮮艷，人見人愛！這三款錢罌與中南銀行小狗小兔小貓錢罌的造型相同，相信是同一系列，估算是 1970 至 1980 年代的出品。錢罌底座正前方鑄有凸字「浙江興業銀行」，錢幣入口槽在頭背，圓形膠蓋掩在底部。錢罌以厚膠製造，小狗錢罌高 155 毫米，重 151 克。小兔錢罌高 190 毫米，重 144 克。小貓錢罌高 160 毫米，重 168 克。

21 東亞銀行賓尼兔音樂儲蓄錢箱

東亞銀行於 1980 年一則廣告是這樣介紹的：「為着培養小朋友儲蓄的良好習慣，本銀行特別提供兒童儲蓄戶口服務；港幣十元即可開戶，存戶除可獲贈全新設

計的儲蓄存摺外，還可以港幣四十元購買原價五十元的趣緻賓尼兔音樂儲蓄錢箱，數量不限。」小白兔前足伏在一個鼓狀的箱上，箱的正面鑄有銀行商標。

錢幣入口槽設在兔背，並裝有音樂發聲感應，每當經入口槽放入硬幣，硬幣便會觸動感應器，發出音樂聲響。儲蓄錢箱以厚膠製造，高 165 毫米，重 195 克。

22 東亞銀行兔寶寶時鐘儲蓄錢箱

東亞銀行於 1990 年推出，可愛的兔寶寶坐在紅蘿蔔上，紅蘿蔔裝上了石英時鐘，時鐘的正面印有銀行商標。錢幣入口槽設在紅蘿蔔背後，將時鐘以順時針方向轉動少許，便可以將時鐘拿出，可更換電芯或取回儲蓄。儲蓄錢箱以厚膠製造，高 245 毫米，重 312 克。

23 港基國際銀行小兔錢罌

1980 年代後期送給客戶的贈禮。正擺動大耳朵和露出雪白大門牙的小兔，在期待為客戶保管儲蓄。小兔的紅色背心印有銀行商標，頭背貼紙印上「港基國際銀行」、「International Bank of Asia」。底部蓋掩鑄有「Made in Hong Kong」。錢幣入口槽在頭背，蓋掩在底部。錢罌以脆膠製造，高 225 毫米，重 162 克。

24 **上海商業銀行青蛙錢罌**

銀行的「茁苗計劃」鼓勵孩子從小養成良好的儲蓄習慣及學習理財技巧。青蛙背後印有「上海商業銀行茁苗計劃」和銀行商標，錢幣入口槽在頭背，蓋掩在底部。錢罌以厚膠製造，高 200 毫米，重 388 克。

25 **恒生強積金大使錢罌**

香港於 2000 年 12 月開始實施強積金制度，為就業人士的退休生活作儲蓄，是香港退休保障制度的重要里程。當時選擇恒生銀行「強積金」供款計劃的僱主便可獲贈這款松鼠錢罌。

卡通造型的松鼠捧着一顆大大的果子，有積穀防饑之意，與強積金計劃背後的意義互相呼應。松鼠的帽子正面印有「恒生強積金大使」，果子上印有「恒生強積金僱主專線 21983311」，帽子背面印有銀行的中、英文名稱和銀行商標。錢幣入口槽在帽子頂部，蓋掩在底部。錢罌以科學黏土製造，高 142 毫米，重 564 克。

26 **廣安銀行孫悟空錢罌**

這款錢罌約在 1980 年代末至 1990 年代初贈送給客戶。角色造型貌似中國四大名著之一《西遊記》中的「孫悟空」在

騰雲駕霧，更得意地展示一個五元輔幣，示意可放進廣安銀行大圓鼓內。錢幣入口槽在圓鼓上，蓋掩在底部。錢罌以厚膠製造，高 185 毫米，重 182 克。

27 **萬國寶通銀行唐老鴨錢罌**

正享受戶外活動的唐老鴨，坐在石上稍作休息，享用美食。錢罌以早期的華特·迪士尼唐老鴨為角色造型，石頭上印有「Citibank」和銀行商標，底部鑄有凸字「©Disney」，錢幣入口槽隱藏在背囊上，蓋掩在底部。錢罌以厚膠製造，高 143 毫米，重 121 克。

28 **澳門國際銀行民族小朋友錢罌**

一套五款，色彩鮮艷，底座正面鑄有「澳門國際銀行」和「Macau International Banking Limited」，底座背面鑄有五個民族小朋友的名稱，錢罌以硬膠製造，錢幣入口槽在背面，圓形金屬蓋掩在底部，要用鎖匙開關。

黑丹尼錢罌高 234 毫米，底座直徑 100 毫米，重 219 克。小紅女錢罌高 242 毫米，底座直徑 90 毫米，重 210 克。蝦仔錢罌高 238 毫米，底座直徑 100 毫米，重 187 克。亞積錢罌高 235 毫米，底座直徑 100 毫米，重 286 克。米奇錢罌高 238 毫米，底座直徑 100 毫米，重 241 克。

26

27

28

帽子會在投幣時播出音樂

29 **交通銀行老虎錢罌**

紅色、黃色兩款 Q 版老虎，把蓋掩化作佩飾，扭開帽子就可以取回儲蓄。左右兩面印有「交通銀行」，錢幣入口槽在背後。錢罌以軟膠製造，高 135 毫米，重 198 克。

30 **香港華人銀行小熊錢罌**

有紅袍、黑袍兩款，在 1992 至 1993 年間贈予兒童儲蓄戶口的客戶。錢罌造型設計是一隻卡通小熊穿着學士袍，雙手握着畢業證書。學士袍正面印有銀行商標，帽頂上的錢幣入口槽內有電子音樂裝置，每當放入錢幣時，錢幣便會觸動電子裝置，並播出悅耳的樂章《Congratulation》。錢罌以軟膠製造，高 150 毫米，重 159 克。

31 **金城銀行警察錢罌**

錢罌造型是一位有胖肚子、光着腳板的小孩。小孩頭戴牛仔帽，身上配上玩具槍和星形的警察徽章，表情趣怪。背部印有「金城銀行」和銀行商標。錢幣入口槽在帽頂，扭開在底部的圓形蓋掩可取回儲蓄。錢罌以軟膠製造，高 155 毫米，重 194 克。

一大一小的同款錢罌，看來像小姊妹。

32 福華銀行女孩錢罌

女孩身穿藍色裙子，手抱一個飽滿的錢袋，像要向爸爸媽媽展示努力儲蓄的成果。帽子正面印有「Hock Hua Bank」，身後印有「福華銀行」。錢幣入口槽在頭背，女孩的頭部可以拔出來以取回儲蓄。福華銀行更製造了一個相同款式的小女孩錢罌，相當可愛。錢罌以軟膠製造，女孩高 190 毫米，重 164 克。小女孩高 90 毫米，重 37 克。

33 金城銀行開心麵包師錢罌

將方包卡通化並配上廚師帽、三角巾領帶和手套，造型可愛。錢財經常被比喻為麵包，麵包師就是製造儲蓄的人，象徵銀行管理財富的角色。包裝盒上印有「The Happy Bakers Savings Bank」、「For Ages 3 and Up」、「Yellow-Girls Blue-Boy」、生產商 Hantex 商標、「Item No.1176」、「Made in China」。錢幣入口槽在頂部，蓋掩在底部。錢罌以軟膠製造，高 95 毫米，重 60 克。

三菱銀行迪士尼卡通肖像造型貯金箱

　　三菱銀行與和路・迪士尼合作推出的迪士尼卡通人物造型貯金箱亦受到客戶歡迎，一直成為不少人士的收藏目標。貯金箱以軟膠製造，沒有底蓋，可以扭開卡通人物頭部，取回儲蓄。

1　唐老鴨貯金箱
　　高 115 毫米，重 36 克。

2　黛絲貯金箱
　　高 110 毫米，重 32 克。

3　紫色唐老鴨貯金箱
　　高 108 毫米，重 40 克。

4　綠色唐老鴨貯金箱
　　高 113 毫米，重 46 克。

5　唐老鴨貯金箱
　　高 115 毫米，重 36 克。

6　黛絲貯金箱
　　高 118 毫米，重 38 克。

7　德拉貯金箱
　　高 155 毫米，重 30 克。

8　路兒貯金箱
　　高 100 毫米，重 29 克。

9　米妮貯金箱
　　高 114 毫米，重 37 克。

10　米奇貯金箱
　　高 112 毫米，重 37 克。

11　藍色米奇貯金箱
　　高 103 毫米，重 39 克。

12　粉紅色米妮貯金箱
　　高 104 毫米，重 38 克。

13　黃色米妮貯金箱
　　高 104 毫米，重 36 克。

14　綠色米奇貯金箱
　　高 103 毫米，重 40 克。

15　米妮貯金箱
　　高 105 毫米，重 32 克。

16　米奇貯金箱
　　高 108 毫米，重 34 克。

17 米妮貯金箱
高 120 毫米，重 40 克。

18 米奇貯金箱
高 118 毫米，重 46 克。

19 米奇貯金箱
高 128 毫米，重 43 克。

20 米妮貯金箱
高 120 毫米，重 33 克。

21 唐老鴨貯金箱
錢幣入口槽在鴨嘴，
高 120 毫米，重 44 克。

22 米奇貯金箱
高 115 毫米，重 42 克。

23 斑比貯金箱
高 130 毫米，重 55 克。

24 麗滴貯金箱
高 120 毫米，重 50 克。

25 斑點狗貯金箱
高 98 毫米，重 34 克。

26 豬仔貯金箱
高 93 毫米，重 25 克。

27 小熊邦果貯金箱
高 103 毫米，重 38 克。

28 奇奇貯金箱
高 115 毫米，重 47 克。

29 小熊維尼貯金箱
高 120 毫米，重 49 克。

30 皮諾丘貯金箱
高 108 毫米，重 38 克。

日本銀行貯金箱

如果大家喜歡富士銀行、北陸銀行和三菱銀行貯金箱，一定要逛一逛日本東京中野百老匯，碰碰運氣。多年來筆者在這裏收穫豐富，祝大家好運。以下這十款貯金箱以軟膠製造，沒有蓋掩，可以扭開卡通肖像頭部，取回儲蓄。

1 三菱銀行子母象貯金箱
   高 90 毫米，重 69 克。

2 三菱銀行大象貯金箱
   高 80 毫米，重 60 克。

3 富士銀行超人貯金箱
   高 115 毫米，重 31 克。

4 富士銀行超人貯金箱
   高 115 毫米，重 31 克。

5 富士銀行「1980 莫斯科奧運會
   俄羅斯棕熊 Misha」貯金箱
   高 108 毫米，重 31 克。

6 富士銀行樹熊貯金箱
   高 95 毫米，重 28 克。

7 北陸銀行大象貯金箱
   高 80 毫米，重 35 克。

8 北陸銀行老虎船長貯金箱
   高 102 毫米，重 27 克。

9 北陸銀行松鼠工匠貯金箱
   高 100 毫米，重 35 克。

10 北陸銀行狗狗交通員貯金箱
   高 95 毫米，重 31 克。

這五款貯金箱以軟膠製造，蓋掩在底部，扭開可以取回儲蓄。

1　北陸銀行海豚貯金箱
　　高 90 毫米，重 33 克。

2　北陸銀行海獅貯金箱
　　高 108 毫米，重 29 克。

3　北陸銀行樹熊貯金箱
　　高 110 毫米，重 33 克。

4　北陸銀行獅子柔道教練貯金箱
　　高 99 毫米，重 27 克。

5　北陸銀行袋鼠郵差貯金箱
　　高 112 毫米，重 29 克。

孩童、小丑、動物、夾萬、球類、櫃員機、靴子、小屋、汽車、火車、筆筒⋯⋯錢罌造型千奇百怪，不少富童趣或巧思，既作裝飾，亦帶給用家樂趣，更可體現彼此的童心未泯。簡單如圓罐錢罌，也可加入設計者的創意，結合日曆、拼圖功能。

又如一些銀行以迷你版的櫃員機作為藍本，呼應儲蓄功能，亦小巧可愛。部分則加上發條，讓你操控錢罌上的機械狗或機械人，玩味十足。

有五層可以扭動的圓環

1　香港工商銀行圓罐錢罌

香港工商銀行與廣安銀行圓罐錢罌，罐身設計相同，分別在於底蓋和頂蓋。錢罌以脆膠製造，五層圓環可以轉動，讓小孩子認識英文字母，第一層是阿拉伯數字由 1 至 10；第二層是粗體英文字母由 A 至 Z；第三層是英文響音字母 A、E、I、O、U；第四層是幼體英文字母由 A 至 Z；底層是一些圖案，例如狗（dog）、車（car）、鎖匙（key）等。

香港工商銀行圓罐錢罌的錢幣入口槽在罐蓋，打開罐蓋既可取回儲蓄，亦可作筆筒或儲物之用。圓罐頂部印有「香港工商銀行」和銀行商標。錢罌高 97 毫米，重 74 克。

2　廣安銀行圓罐錢罌（紅色）

跟香港工商銀行圓罐錢罌同款，但圓罐頂部印有「廣安銀行敬贈」和「廣安是你們的銀行」，圓形旋轉蓋掩則在底部，印有「Made in Hong Kong」字樣。錢罌高 97 毫米，重 78 克。

你有想過錢罌也可以用來拼圖嗎？

3　**廣安銀行圓罐錢罌**

圓罐頂部印有「廣安銀行敬贈」，罐身左右兩邊印有「一生幸福」、「天天儲蓄」。圓形蓋掩在底部，鑄有凸字「Made in Hong Kong」。高 78 毫米，重 63 克。

4　**香港商業銀行日曆圓筒錢罌**

圓筒設計特別，筒身是三個可以扭動的膠環，組合日子和月份。頂蓋可打開取回儲蓄。正面印有銀行商標、「香港商業銀行」、「The Commercial Bank of Hong Kong Ltd.」、「香港德輔道中 120 號香港商業銀行大廈」、「G.P.O. BOX 824」、「電話 5-458111 至 7」。底部鑄有「大翔及其徽號‧專利申請 6830334」。錢罌以脆膠製造，高 100 毫米，重 104 克。

5　**鹽業銀行斑點狗罐型錢罌**

銀行於 1998 年贈送予開定期存款或尊貴理財客戶。錢罌罐身是斑點狗拼圖。錢幣入口槽在罐蓋，打開罐蓋既可取回儲蓄，亦可作筆筒或儲物之用。錢罌以脆膠製造，高 115 毫米，重 131 克。

特別的設計將錢罌和筆筒結合

6

7

8

9

---

6 **法國國家巴黎銀行筆筒錢罌**

內有乾坤的紅色筆筒,正方體透明膠盒頂部設有錢幣入口槽,取出紅色筆筒,便可取回儲蓄。錢罌的正面印有銀行商標和「法國國家巴黎銀行」,背面亦印有銀行商標和「Banque Nationale De Paris」,底部鑄有「Made in Hong Kong」和「No 7612」。錢罌以脆膠製造,高 79 毫米,重 99 克。

7 **法國巴黎銀行積木錢罌**

以積木為造型的正方柱體透明膠盒,可以疊起存放,配合儲蓄的概念。頂部設有錢幣入口槽,扭開底部的圓形旋轉蓋掩便可取回儲蓄。錢罌的正面印有「法國巴黎銀行」、「BNP Paribas」和銀行商標。錢罌以脆膠製造,高 90 毫米,重 86 克。

8 **永亨銀行積木錢罌**

這款錢罌和港基國際銀行推出的積木錢罌的造型類似,在 1992 年贈送予客戶。錢罌四邊鑄有教導小孩看圖認字的英文

字母和圖案,頂部設錢幣入口槽,並印有銀行商標和「永亨銀行」,扭開底部的圓形旋轉蓋掩便可取回儲蓄。錢罌以金屬鑄造,高 76 毫米,重 454 克。

9 **港基國際銀行積木錢罌**

錢罌四邊鑄了教導小孩看圖認字的英文字母和圖案,頂部設錢幣入口槽,印有銀行商標,底部有圓形旋轉蓋掩。錢罌以金屬鑄造,高 76 毫米,重 411 克。

10 **美國銀行商標錢罌**

錢罌正面鑄有銀行 1998 年之前的舊商標和「Bank of America」,錢罌背面印有「Va Con America」。頂部設有錢幣入口槽,扭開底部的圓形旋轉蓋掩便可取回儲蓄。錢罌底部鑄有「Premiere Merchandising Inc. Inglewood. CA」,蓋掩鑄有凸字「Made in China」。錢罌以硬膠製造,高 73 毫米,重 80 克。

11 **滙豐商標錢罌**

錢罌造型是滙豐銀行自 1983 年使用的

六角形標誌。錢罌分為四格，分別適合存入五元、二元、一元及五毫或以下的硬幣。儲蓄箱的兩邊，每邊分兩格可隨意用手轉動，每轉動 180 度便可轉到另一格，以便將另一款硬幣存入箱內。開啟儲蓄箱後面兩片白色的門，便可取出硬幣。錢罌以脆膠製造，高 88 毫米，重 161 克。

滙豐的六角形標誌，靈感來自於 1890 年代開始使用傳統的紅白旗：「它們恰似箭頭，象徵着貿易和通訊、東 / 西和南 / 北。」滙豐銀行的院旗設計是一個白色矩形，對角線分割成一個紅色沙漏，以聖安德魯十字架為基礎。在 1880 年代，它被改編成滙豐銀行獨特的六角形標誌。

12　東亞銀行夾萬儲蓄錢箱

東亞銀行 1960 年贈送給開立儲蓄賬戶的客戶，正面鑄有凸字「東亞銀行」和「Bank of East Asia Ltd.」，錢幣入口槽在頂部，打開圓形大門便可以取回儲蓄。

儲蓄錢箱以脆膠製造，高 137 毫米，重 117 克。

東亞銀行在 1921 年成為香港首間推出保管箱服務的銀行，保管箱前稱藏寶箱及避火鐵箱，這個錢罌令人聯想到銀行的保管箱服務。

13　華比銀行夾萬錢罌

夾萬正面鑄有凸字「Belgian Bank」和「華比銀行儲蓄部」，錢幣入口槽在頂部，門是打不開的，方形膠蓋掩在底部。錢罌以脆膠製造，高 135 毫米，重 139 克。

14　法國國家工商銀行夾萬錢罌

錢罌由兩件相同式樣的塑膠組件互相扣鉗、合攏而成，正面和背面的式樣完全相同，將兩件組件打開，便可取回儲蓄，設計巧妙。兩面同樣印上「法國國家工商銀行」。錢罌以脆膠製造，高 95 毫米，重 55 克。

密碼輸入錯誤會亮起紅燈啊!

15 滙豐音樂夾萬錢罌

有藍色、綠色、橙色及紅色四款,錢罌兩側及上方均印有動物圖案。夾萬的正面鑄有凸字「儲蓄在:滙豐銀行」,下方有凸字「Save with The Hongkong and Shanghai Banking Corporation」。背面有音樂盒的發條,蓋掩鑄有「Do Not Overwind 勿絞過緊」,絞緊後可發出清脆的音樂。背面下方鑄有「No 14348 Yong Kam Fook Plastics Industry」。錢幣入口槽在頂部,打開背面的蓋掩,便可以取回儲蓄。錢罌以脆膠製造,高 136 毫米,重 190 克。

16 崇僑銀行夾萬錢罌

一座堅固的夾萬正面鑄有銀行商標,頂部有錢幣入口槽,及鑄有凸字「Chung

Khiaw Bank Limited」和「崇僑銀行有限公司」,左側面鑄有凸字「有備無患」;右側面鑄有凸字「Save and Be Safe」。蓋掩在底部,需用鎖匙開關。錢罌以金屬鑄造,高 111 毫米,重 688 克。

17 星展銀行電子夾萬錢罌

星展銀行電子夾萬錢罌上沒有貼紙,包裝盒上印有「With the compliments of DBS」。錢罌以脆膠製造,高 160 毫米,重 401 克。

18 道亨銀行電子夾萬錢罌

道亨銀行電子夾萬錢罌和星展銀行電子夾萬錢罌設計相同,錢幣入口槽在頂部,按入已設定之密碼後,門上的綠燈會閃動,門鎖隨即自動開啟。若輸入錯誤的密碼,門上的紅燈便會閃動及發出

「try again」的聲音，提示再度嘗試。若輸入三次錯誤的密碼，夾萬的紅燈將亮起，並維持着約十五秒的警報聲。夾萬背後貼紙印有「道亨銀行」和「Dao Heng Bank」。錢罌以脆膠製造，高 160 毫米，重 401 克。

19　永隆銀行老爺車錢罌

以 1940 年代老爺車古典造型，車尾箱蓋上鑄有銀行商標，錢幣入口槽在車頂，蓋掩在車底。錢罌以金屬鑄造，高 88 毫米，重 952 克。

20　恒生銀行蒸汽火車頭錢罌

1971 年送給客戶的贈禮，背部鑄有銀行齒輪狀的商標。蓋掩在底部，需用鎖匙開關。錢罌以金屬鑄造，高 110 毫米，重 867 克。

21　滙豐火車頭、靴形小屋、古董汽車、積木錢罌

1996 至 2000 年送給開立大額定期存款、購買保險和基金等客戶的贈禮。每款錢罌都鑲嵌上一塊刻有銀行商標和「HSBC 滙豐」或「Hongkong Bank」的長方形金屬塊，底部的膠蓋掩印有「Made in China」。

錢罌以白鑞製造，火車頭錢罌高 88 毫米，重 415 克。古董汽車錢罌高 70 毫米，重 295 克。積木錢罌高 80 毫米，重 318 克。靴形小屋錢罌高 101 毫米，重 335 克。

22

22　滙豐火車頭錢罌與首飾盒車卡

於 2000 年 6 月至 9 月期間，送給已購買「意外萬全保」、「家居萬全保」或推薦四位親友成功申請以上保險計劃的客戶贈禮。火車頭是錢罌，後面三列動物車廂是首飾盒。各車廂均鑲嵌有一塊刻有銀行商標和「HSBC 滙豐」的長方形金屬塊。

錢罌以白鑞製造，火車頭錢罌高 88 毫米，重 426 克。第二卡首飾盒高 90 毫米，重 323 克。第三卡首飾盒高 120 毫米，重 305 克。第四卡首飾盒高 107 毫米，重 286 克。

23　永隆銀行 1997 古董車錢罌

車牌 WL1997 是紀念香港於 1997 年回歸祖國，錢罌贈予開立定期存款十萬元以上的客戶。銀行商標和錢幣入口槽在車頂，圓形蓋掩在車底。錢罌以金屬鑄造，高 105 毫米，重 815 克。

24　海外信託銀行無軌電車錢罌

車廂滿載乘客，向目的地進發。錢罌底座左、右兩側鑄有「香港海外信託銀行」。錢幣入口槽和蓋掩設在底部，錢罌以金屬鑄造，高 80 毫米，重 443 克。銀行利是封套展示了這款無軌電車錢罌，另有一款郵筒錢罌。

根據 1971 年 12 月份第八期《良友畫報》的報道，海外信託銀行曾在香港第二十九屆工展會舉辦「世界兒童儲蓄撲滿展覽會」，展出撲滿共 534 個，是該行用多年時間從歐、美、亞三洲共三十五個國家的銀行蒐集得來。

25　美國製無軌電車錢罌

美國有款無軌電車錢罌（芝加哥 Banthrico 公司製造），跟上述的海外信託銀行無軌電車錢罌造型相近，底座一面鑄有「Citizens Federal Savings」，底蓋印有「Citizens Federal Savings San Francisco Oakland Polo Alto 75th Anniversary」。

26　中國聯合銀行火車頭錢罌

在 1998 年贈予開立兒童儲蓄戶口的客戶。錢罌以受小孩喜愛的小熊做主角，車身兩邊寫有「United Chinese Bank」，車頭和車尾均有「UCB」。錢罌是瓷製，高 123 毫米，重 415 克。

27　華比富通銀行火車頭錢罌

2001 年送予開立兒童儲蓄戶口的客戶。錢罌以小熊做主角，火車頭長方牌展示「華比富通銀行」、「Fortis Bank」和銀行商標。錢幣入口槽在頂部，圓形膠蓋掩在底部。錢罌以科學黏土製造，高 118 毫米，重 489 克。

28　華比富通銀行帆船錢罌

2001 年贈送予開立兒童儲蓄戶口的客戶。錢罌以小熊做主角，帆船頂部長方牌展示「華比富通銀行」、「Fortis Bank」和銀行商標。錢幣入口槽在頂部，圓形膠蓋掩在底部。錢罌以科學黏土製造，高 125 毫米，重 487 克。

29　華僑銀行帆船錢罌

每一代的航海人均祈求順風順水，船帆張開有「一帆風順」的美意。帆船正面鑄有「華僑銀行有限公司」，背後鑄有「Overseas Chinese Banking Corporation Limited」。錢幣入口槽在帆上，蓋掩在底部，需用鎖匙開關。錢罌為金屬製造，高 118 毫米，重 434 克。

30　合眾銀行帆船錢罌

帆船正面鑄有「合眾銀行」、「United Malayan Banking Corp. Ltd.」、阿拉伯文銀行名稱和銀行商標。錢幣入口槽在帆上，蓋掩在底部，需用鎖匙開關。錢罌以金屬鑄造，高 110 毫米，重 410 克。

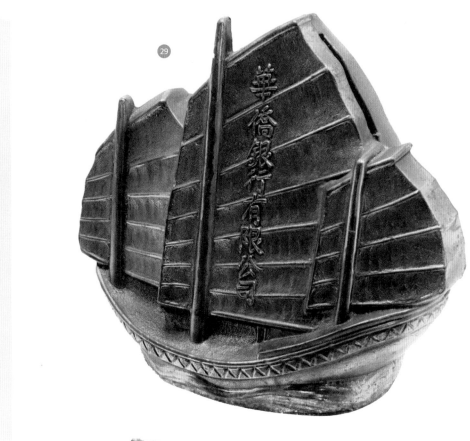

書籤上可看到這個
「墨西哥少年」錢罌

恒生銀行
鰂魚涌分行
地址：英皇道989號
電話：5-636111

保 管 箱
歡迎租用
贈用半年

英
皇
道

鰂魚涌
分行

31

31　恒生銀行墨西哥少年錢罌

1972 年出品。這錢罌是恒生銀行推出的
錢罌中，少數上了顏色的款式。錢罌的
外殼漆上鮮明的顏色，墨西哥少年戴着
一頂帶花邊的藍色帽子，背着一個鼓；
銀行的齒輪狀商標貼在大錢袋上。不少
商人和收藏家未有留意它是恒生銀行錢
罌成員，筆者曾聽聞有人誤以為它是石
膏製造，所以流傳不多。

恒生銀行鰂魚涌分行設計了一款書籤推
廣保險箱租用服務，書籤上也可看到這
名「墨西哥少年」。錢幣入口槽在背後，
蓋掩在底部，需要用鎖匙開關。錢罌以
金屬鑄造，高 195 毫米，帽直徑 120 毫
米，重 1,050 克。

左面為一對崇僑銀行運財童子錢罌，右面為跟崇僑銀行運財童子錢罌相同款式的瓷器小童

中國工商銀行運財童子擺件

中國傳統造型的小孩手持鑄有銀行商標的金錢，以石膏製作，為銀行於新春期間，在櫃面辦理業務時贈送客戶。小孩是未來的社會棟樑，運財童子寓意美好的願景。

32　崇僑銀行運財童子錢罌（一對）

一對孩童手各抱一隻大肥豬錢罌，肥豬錢罌披上背氈，背氈上分別鑄有凸字「崇僑銀行有限公司」和「Chung Khiaw Bank Ltd.」，底座側亦鑄有「Chung Khiaw Bank Ltd.」，而底座上則鑄有「崇僑銀行」。錢幣入口槽在肥豬的背部，孩童的頭部可以拔出來以取回錢幣。錢罌以軟膠製造，高112毫米，重36克。

崇橋銀行更製造了一對同款瓷器小童，相當可愛。座上印有「In Commemoration of Ten Years of Progress·Chung Khiaw Bank Ltd.」和「紀念十年進步·崇僑銀行」。

33　廣安銀行童子錢罌

童子是中國民間常用的寓意題材，代表新生命和讚頌人興旺盛。兩手合抱，拱手為禮，正是愛學習和德智體群美全面發展的好孩子。錢罌背部鑄有凸字「Kwong On Bank, Ltd.」和「廣安銀行有限公司」。錢幣入口槽在背後，蓋掩在底部，需要用鎖匙開關。錢罌以金屬鑄造，高138毫米，重488克。

從 1986 年的日曆咭，可見美國國際商業銀行的中英文名稱。

1986 美國國際商業銀行 丙寅年

拔出帽子便可以取回儲蓄

34 中國銀行（香港）「孩子天」錢罌

中銀香港為十一歲以下小童設立的兒童儲蓄戶口，吉祥物是一大一小穿着太空衣及頭戴太空帽的兩個小孩，分別為黃色及粉紅色。錢幣入口槽在背後，圓形旋轉蓋掩在底部。錢罌以脆膠製造，高 165 毫米，重 335 克。

35 美國國際商業銀行小丑錢罌

小丑的帽子既是錢幣入口槽，又是蓋掩，整個帽子可以拔出來以取回儲蓄。帽子正面鑄有凸字「I B of C」，「N B of C」錢罌背後底部鑄有凸字「美國國際商業銀行」，錢罌底部鑄有「Perfekta」。錢罌以厚膠製造，高 145 毫米，重 152 克。

根據 1986 年的日曆咭，銀行名稱為美國國際商業銀行（Rainier International Bank）。小丑帽子上的「I B of C」、「N B of C」，似乎跟銀行名稱無關，那到底代表什麼意思？

36 澳門商業銀行小丑先生錢罌

小丑帽子上的字條和小丑身後印有「Banco Commercial De Macau 澳門商業銀行」，底部鑄有凸字「Made in Hong Kong」，錢幣入口槽在頭背，圓形金屬蓋掩在底部，可用鎖匙開關。錢罌以硬膠製造，高 188 毫米，重 150 克。

富士銀行小型人物貯金箱

這十六款小型人物貯金箱是在 1970 年代贈予客戶。貯金箱以軟膠製造，髹上七彩繽紛的顏色；貯金箱背面下部位置鑄有凸字「富士銀行」。錢幣入口槽在頭背，若要取回儲蓄，要將頭部拔出。其中十款各有精緻配件：

37　西班牙武士配有可拔出的寶劍
　　高 98 毫米，重 30 克。

38　印度王子有真羽毛的髮箍
　　高 104 毫米，重 32 克。

39　日本交通督導員有活動的臂章
　　高 118 毫米，重 33 克。

40　愛斯基摩獵人有可取出的長矛
　　高 98 毫米，重 27 克。

41　愛爾蘭士兵有真羽毛的帽子
　　高 103 毫米，重 28 克。

42　夏威夷大使有可取出的花環
　　高 95 毫米，重 32 克。

43　墨西哥少年有可取出的草帽
　　高 125 毫米，重 30 克。

44 日本探險人配備可拉動的武器
高 104 毫米，重 32 克。

45 猶太少年有可取出的角號和
有真羽毛的帽子
高 115 毫米，重 30 克。

46 日本祭典舞者有可取出的扇子
高 103 毫米，重 29 克。

47 意大利警察
高 105 毫米，重 32 克。

48 日本奧運代表
高 98 毫米，重 26 克。

49 英國御林軍
高 118 毫米，重 33 克。

50 日本太空人
高 105 毫米，重 33 克。

51 希臘運動家
高 92 毫米，重 28 克。

52 非洲土著
高 100 毫米，重 23 克。

53　中國農業銀行電話錢罌

估算這軟膠電話是 1970 年代的玩具，電話攪盤上是動物圖案，下方貼紙印有「中國農業銀行」和銀行商標。另一面是鐘，時針和分針可以轉動。錢幣入口槽隱藏在電話聽筒下，圓形蓋掩在底部，可以扭動打開取回儲蓄。錢罌高 115 毫米，重 83 克。

54　中國交通銀行電話錢罌

估算這軟膠電話是 1970 年代的玩具，電話攪盤中間貼紙印有「歡迎來儲蓄」，

電話底座正面鑄有「中國交通銀行」和銀行商標。錢幣入口槽隱藏在電話聽筒下，電話底部就是蓋掩，可以打開取回儲蓄。錢罌高 75 毫米，重 75 克。

55　創興銀行紙包飲品錢罌

錢罌正面印有「創興銀行」和銀行商標，參考其他類同造型的錢罌，估算正面的宣傳紙張遺失了。圓形蓋掩在底部，可以扭動打開取回儲蓄。錢罌以脆膠製造，高 100 毫米，重 75 克。

56 上海商業銀行鯨魚錢罌

鯨魚頂部印有「上海商業銀行茁苗計劃」和銀行商標,圓形蓋掩在底部,可以扭動打開取回儲蓄。錢罌以金屬鑄造,高 65 毫米,重 256 克。

57 美國國際商業銀行綠海龜錢罌

一隻大大的綠色海龜,頭戴橙色帽子,龜背上四朵花與頭上的花相映成趣,十分可愛。龜背上鑄有凸字「I B C」,底部的圓形蓋掩則鑄有凸字「Berries ©1971」和「Hong Kong」。錢罌以硬膠製造,高 65 毫米,重 143 克。

富士銀行動物貯金箱

這十四款可以扭動、伸展的動物造型貯金箱,雖以硬膠製造,卻更凸顯其可愛和靈活的特性!

58 狗

高 68 毫米,重 41 克。

59 牛

高 68 毫米,重 39 克。

60 象

高 63 毫米,重 43 克。

61	獅子 高 65 毫米，重 36 克。	66	袋鼠 高 128 毫米，重 48 克。
62	鱷魚 高 53 毫米，重 29 克。	67	企鵝 高 142 毫米，重 46 克。
63	鯨魚 高 80 毫米，重 41 克。	68	猩猩 高 110 毫米，重 38 克。
64	小兔 高 145 毫米，重 36 克。	69	熊 高 100 毫米，重 37 克。
65	豬 高 60 毫米，重 29 克。		

70 **龜**
高 70 毫米，重 40 克。

71 **蟹**
高 90 毫米，重 48 克。

恒生銀行聯乘海洋公園「大嘜鯊魚」、「威威海獅」錢罌

2020 年贈予開立「智多 Kid」理財戶口，並符合「全面理財總值」增長要求的客戶，鼓勵小朋友從小培養良好儲蓄習慣。

72 **「大嘜鯊魚」錢罌**
以軟膠製造，高 160 毫米，重 301 克。

73 **「威威海獅」錢罌**
以軟膠製造，高 175 毫米，重 480 克。

藏在網球裏的櫃員機，你見過嗎？

74　香港工商銀行足球錢罌、棒球錢罌、欖球錢罌

錢罌底座正面的金色貼紙印有「香港工商銀行敬贈」，背面貼有銀行商標。錢幣入口槽在頂部，圓形膠蓋掩在底部，可拔開取回儲蓄。蓋掩上鑄有「Made in Hong Kong」。錢罌以硬膠製造，足球錢罌高 110 毫米，直徑 95 毫米，重 75 克。棒球錢罌高 113 毫米，直徑 95 毫米，重 76 克。欖球錢罌高 95 毫米，長 135 毫米，重 85 克。

75　交通銀行籃球錢罌、排球錢罌、欖球錢罌

三款錢罌正面底座鑄有凸字「交通銀行」，背面鑄有凸字「兒童儲蓄」。錢幣入口槽在頂部，圓形膠蓋掩在底部，可拔開取回儲蓄。錢罌以硬膠製造，籃球錢罌高 105 毫米，直徑 95 毫米，重 65 克。排球錢罌高 105 毫米，直徑 95 毫米，重 67 克。欖球錢罌高 95 毫米，長 133 毫米，重 108 克。

76　中信銀行網球錢罌

網球內裝有櫃員機，網球左右兩邊鑄有凸字「中信銀行」、「China Citic Bank」和銀行商標，凸字 ATM 在網球正面上方。錢幣入口槽在櫃員機頂部，圓形膠蓋掩在底部，可拔開取回儲蓄。錢罌以科學黏土製造，高 125 毫米，重 485 克。

轉動發條就能把錢撥進錢罌內的機械人，富有童趣。

錢幣可放在「食物盤」裏，讓小狗取去。

77 新華銀行機械狗錢罌

由香港「Everlast Toys」公司製造的機械上發條式運作錢罌，錢幣放在紅色「食物盤」上，小狗便會跳出來，用兩條前腿將錢幣抓入狗屋錢罌內，上發條用的轉鈕在右側。打開錢罌底部的圓形膠蓋掩，便可取回儲蓄。正面貼紙印有「新華銀行兆康苑支行開幕敬贈」。錢罌以脆膠製造，高 107 毫米，重 128 克。

78 新華銀行機械人錢罌

由香港「Everlast Toys」公司製造的機械上發條式運作錢罌，錢幣放在機械人手中的盆上，機械人便會轉動 180 度，將

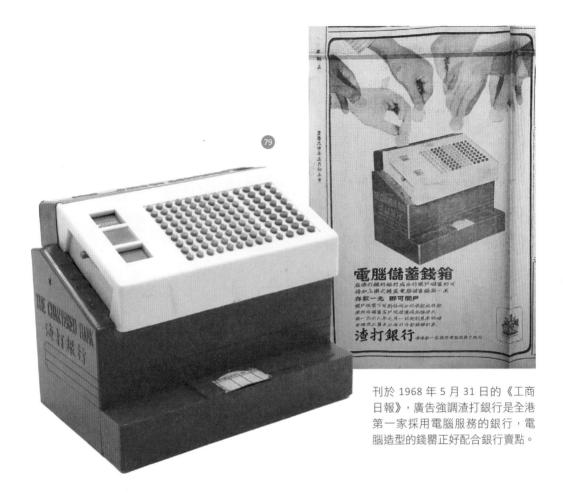

刊於 1968 年 5 月 31 日的《工商日報》，廣告強調渣打銀行是全港第一家採用電腦服務的銀行，電腦造型的錢罌正好配合銀行賣點。

錢幣倒入錢罌內。底部是圓形轉動膠蓋掩和用作上發條用的轉鈕。背面貼紙印有「新華銀行隆亨邨支行開幕敬贈」和銀行商標。錢罌的以脆膠製造，高 119 毫米，重 142 克。

79　渣打銀行電腦儲蓄錢箱

全港第一家採用電腦的銀行推出電腦儲蓄錢箱，形象十分突出！儲蓄箱頂鑄有凸字「Save By Computer」，雖然這部「電腦」不能儲存資料，卻可儲蓄。錢箱頂部有長方形硬幣入口和橢圓形紙幣入口，兩側鑄有凸字「The Chartered Bank」和「渣打銀行」，背面鑄有凸字

「The Chartered Bank」和「First On Line Computer in Hong Kong」。儲蓄箱以脆膠製造，高 98 毫米，重 148 克。

據《工商日報》1968 年 5 月 31 日一則介紹「渣打銀行電腦儲蓄錢箱」的廣告：「在渣打銀行總行或分行開戶儲蓄，即可得電腦儲蓄錢箱一具，存款一元即可開戶，開戶後閣下可到任何分行提款或存款，與所有儲蓄客戶享有同樣獲得此種便利，由 7 月 1 日起利息率將增至週息三厘半，以每日存款餘額計算。」

將同具存款和提款功能的錢罌和櫃員機結合，別具新意。

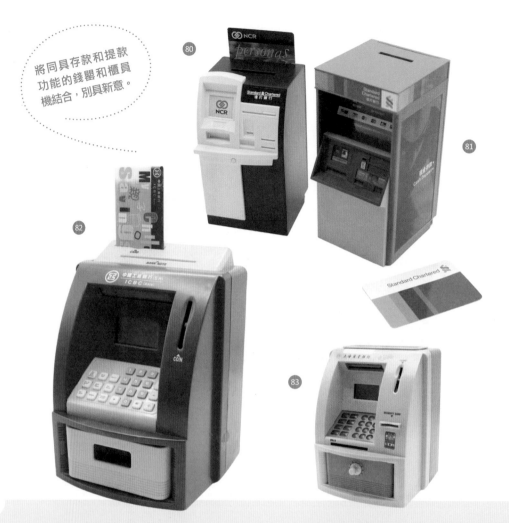

80　渣打銀行第一代櫃員機錢罌

錢罌仔細複製當時渣打銀行櫃員機 NCR personas 75 的設計，錢幣入口槽在頂部，需要用紙製的銀行咭插入頂部開啟蓋掩。錢罌上方正面印有「Standard Chartered」、「渣打銀行」和銀行商標。錢罌以脆膠製造，高 123 毫米，重 107 克。

81　渣打銀行第二代櫃員機錢罌

同樣複製當時渣打銀行櫃員機，錢幣入口槽在頂部，需要用紙製的銀行咭插入頂部開啟蓋掩。錢罌上方正面印有「Standard Chartered」、「渣打銀行」和

銀行商標。錢罌以脆膠製造，高 140 毫米，重 154 克。

82　中國工商銀行（亞洲）櫃員機錢罌

鍵盤上的英文按鈕，顯示這個櫃員機錢罌具備多項功能。錢幣入口槽在右邊，紙幣入口槽設於上方。需要用膠製銀行咭插入頂部開啟下方存放儲蓄的膠盤。錢罌上方正面印有「中國工商銀行（亞洲）ICBC（Asia）」和銀行商標；背部上方有發聲器，中部印有凸字「Made in China」，下方有蓋掩可存放三塊 2A 電池。錢罌以脆膠製造，高 220 毫米，重 571 克。

83 上海商業銀行櫃員機錢罌

銀行的「茁苗計劃」鼓勵孩子從小養成良好的儲蓄習慣及學習理財技巧。錢幣入口槽在右邊，紙幣入口槽設於鍵盤下。需要用膠製銀行咭插入右邊開啟下方存放儲蓄的膠盤。錢罌正面上方印有「上海商業銀行」、「茁苗計劃」和銀行商標。錢罌以脆膠製造，高 200 毫米，重 388 克。

84 恒生銀行「智多 Kid」豬仔錢罌

磁石「智多 Kid」坐在豬仔錢罌上，剛好遮蓋錢幣入口槽，豬鼻是蓋掩，扭開便可取回錢幣。豬仔踏着的草地底座具錄音功能，是一件可玩、可儲錢的錢罌。錢罌以脆膠製造，高 190 毫米，重 368 克。

85 恒生銀行「智多 Kid」錢罌

「智多 Kid」錢罌身上有顯示屏，當投進金錢的時候會響起音樂，吸引小孩多多儲蓄。錢幣入口槽在頭頂，扭開底部的圓形膠蓋掩便可取回儲蓄。錢罌以脆膠製造，高 225 毫米，重 283 克。

86 恒生銀行武士錢罌

1973 年出品，武士的頭盔十分堅固，象徵能保護使用者的安全。武士胸前鑄有銀行齒輪狀的商標。錢幣入口槽在頂部，蓋掩在底部，可使用鎖匙開關。錢罌以金屬鑄造，高 175 毫米，重 1,090 克。

87　恒生銀行金錠錢罌

1978 年出品，金光閃閃的金錠配上四獅頭底座，令人聯想到儲蓄的成果。金錠上有兩個印章，分別為正方形的「恒生銀行」及長方形的「黃金萬兩」，四獅頭腳几正面鑄有銀行齒輪狀的商標。錢幣入口槽在金錠上，蓋掩在底部，可用鎖匙開關。錢罌以金屬鑄造，高 120 毫米，重 989 克。

88　恒生銀行座枱鐘錢罌

1972 年出品，有銀色和古銅色，座枱鐘正下方鑄有銀行齒輪狀的商標，兩旁鑄有「分分鐘儲蓄」、「時時都幸福」的字樣，既結合報時和儲蓄功能，也把兩種意義融合。時鐘牌子是美國「Westclox」，而金屬外殼則是日本製造。錢幣入口槽在背面，蓋掩在底部，可用鎖匙開關。錢罌以金屬鑄造，錢罌高 175 毫米，重 1,132 克。

89　恒生銀行鋼琴錢罌

1960 年出品，當時較富裕的家庭才可擁有鋼琴。錢罌頂部鑄有凸字「恒生銀行有限公司」和「Hang Seng Bank Ltd.」，錢幣入口槽在鋼琴左側面，蓋掩在底部，可用鎖匙開關。錢罌以金屬鑄造，高 70 毫米，重 570 克。

90　恒生銀行貴婦錢罌

1972 年出品，有金色和銀色，貴婦穿着西式漂亮裙子，手上挽着小手袋，寓意只要養成良好的儲蓄習慣，就能擁有美滿的生活。裙後鑄有銀行齒輪狀的商標。錢幣入口槽在背面，蓋掩在底部，可用鎖匙開關。錢罌以金屬鑄造，高 170 毫米，重 800 克。

相片由嚴桂思提供

91 合眾銀行果籃錢罌

豐盛果籃正面鑄有「合眾銀行」和銀行商標,背面鑄有「United Malayan Banking Corp. Ltd.」和阿拉伯文銀行名稱。錢幣入口槽在頂部,蓋掩在底部,可用鎖匙開關。錢罌以金屬鑄造,高120毫米,重450克。

92 金城銀行靴子錢罌

造型是一隻小巧可愛,用毛冷編織成的嬰兒保暖小靴,令人聯想起嬰兒帶來的喜悅及生命力。靴頂刻有「金城銀行敬贈」。錢幣入口槽在頂部,蓋掩在底部。錢罌以金屬鑄造,高80毫米,重405克。

93 新華銀行靴子錢罌

這款靴子錢罌和金城銀行推出的靴子錢罌造型相似,不同的是這款靴子的圖紋較為幼細。「新華銀行」四字和銀行商標刻在錢罌底部圓形的蓋掩上。錢罌以金屬鑄造,高79毫米,重546克。

94 上海商業銀行靴型小屋錢罌

銀行的「茁苗計劃」鼓勵孩子從小養成良好的儲蓄習慣及學習理財技巧。屋頂印有「上海商業銀行茁苗計劃」和銀行商標,錢幣入口槽在頂部,蓋掩在底部。錢罌以金屬鑄造,高101毫米,重335克。

95　港基國際銀行小屋錢罌

小屋正面印有銀行商標,錢幣入口槽在屋頂,圓形旋轉蓋掩在底部。錢罌以金屬鑄造,高 110 毫米,重 765 克。

96　中國建設銀行小屋錢罌

色彩鮮艷的塑膠小屋和小狗造型的大門,十分可愛。小屋背面的膠片印有「建設銀行」和銀行商標,膠片下的門是蓋掩,可以打開取回儲蓄,屋頂煙囪是錢幣入口槽。錢罌以硬膠製造,高 125 毫米,重 103 克。

97　嘉華銀行小屋錢罌

嘉華銀行推出了兩款以脆膠製造的小屋錢罌,在 1994 年贈予客戶,銀行名稱、銀行商標、銀行萬利摺服務和小屋的門窗裝飾是貼紙圖案。從以上這款錢罌可見,貼紙上印有「總行:香港德輔道中 232 號」、「銀行服務電話:541 7004」。錢幣入口槽在屋頂前方,錢罌配備心形鎖匙打開屋頂,取回儲蓄。錢罌高 104 毫米,重 62 克。

98　嘉華銀行小屋錢罌

另一款嘉華銀行小屋錢罌。錢幣入口槽在屋頂背面,可用錢罌配備的鎖匙打開,取回儲蓄。錢罌高 77 毫米,重 70 克。

99　東亞銀行屋形儲蓄錢箱

銀行 1996 年推出，一對小童歡欣地向花草灑水，還有可愛的小熊、企鵝和綿羊向陽光招手。屋頂正面鑄有「東亞銀行」、「Bank of East Asia Ltd.」和銀行商標。錢幣入口槽在頂部，圓形膠蓋掩在底部。錢罌以科學黏土製造，高 110 毫米，重 315 克。

100　交通銀行籃球小屋錢罌

錢罌以小熊做主角，屋前長方牌印有「交通銀行」、「Bank of Communications」和銀行商標。錢幣入口槽在頂部，圓形膠蓋掩在底部。錢罌以科學黏土製造，高 105 毫米，重 408 克。

101　華比富通銀行田園小屋錢罌

2001 年贈予開立兒童儲蓄戶口的客戶。錢罌以小熊做主角，屋前方牌印有「華比富通銀行」、「Fortis Bank」和銀行商標。錢幣入口槽在頂部，圓形膠蓋掩在底部。錢罌以科學黏土製造，高 128 毫米，重 579 克。

102　恒生人壽漢堡包小屋錢罌

1998 年恒生銀行推廣兒童人壽保險儲蓄計劃而送給客戶。彩色的錢罌採用十分受小孩喜愛的漢堡包和小熊元素,錢罌底部印有「恒生人壽 Hang Seng Life」和銀行商標。錢幣入口槽在頂部,圓形膠蓋掩在底部。錢罌以科學黏土製造,高 100 毫米,重 545 克。

103　華比富通銀行書本錢罌

2001 年贈予兒童儲蓄戶口的客戶。錢罌以小熊做主角,書本中層長方牌印有「華比富通銀行」、「Fortis Bank」和銀行商標。錢幣入口槽在頂部,圓形膠蓋掩在底部。錢罌以科學黏土製造,高 125 毫米,重 487 克。

104　恒生人壽小熊玩具箱錢罌

1998 年恒生銀行推廣兒童人壽保險儲蓄計劃而送給客戶的另一款贈禮。精緻可愛的小熊和玩具置在大大的玩具箱上,令小孩愛不釋手。錢罌底部印有「恒生人壽 Hang Seng Life」和銀行商標。錢幣入口槽在頂部,圓形膠蓋掩在底部。錢罌以科學黏土製造,高 110 毫米,重 344 克。

105 大眾銀行電話亭錢罌

堅固的電話亭予人穩重的感覺,錢罌頂部鑄有「大眾銀行」、「Public Bank」和銀行商標。錢幣入口槽在頂部,圓形膠蓋掩在底部。而包裝盒上則印有「大眾銀行(香港)」、「Public Bank (Hong Kong)」「馬來西亞大眾銀行附屬公司」和「A subsidiary of Public Bank Berhad Malaysia」。錢罌以科學黏土製造,高150毫米,重311克。

106 南洋商業銀行招財貓錢罌

招財貓舉起左手,被視為旺事業、生意興隆、客似雲來的意義。貓身印有「千萬両」牌子,背面印有「南洋商業銀行」和銀行商標。錢幣入口槽在背部,圓形膠蓋掩在底部。錢罌是瓷製,高210毫米,重689克。

107 中國銀行招財貓錢罌

招財貓舉起左手。貓身印有「千客萬來」揮春及「千萬両」牌子，背面印有「中國銀行 Bank of China 致意」。錢幣入口槽在背部，圓形膠蓋掩在底部。錢罌是瓷製，高 224 毫米，重 598 克。

108 中國銀行福兔錢罌

笑容滿溢的兔子身穿紅色軍服盔甲，喜氣洋洋。錢罌背後上方印有「中國銀行」、「Bank of China」及銀行商標。錢罌背後下方印有「福」字。錢幣入口槽在背部，圓形膠蓋掩在底部。錢罌是瓷製，高 208 毫米，重 555 克。

109 滙豐福兔錢罌

將兔了造型卡通化，設計成不倒翁的形狀，以紅白為主色調，兔子表情精靈可愛，充滿喜慶的感覺。錢幣入口槽在背部，圓形膠蓋掩在底部。

錢罌是瓷製，左：高 180 毫米，重 393 克。中：高 165 毫米，重 461 克。右：高 180 毫米，重 389 克。

110 富通保險人民幣錢罌

有藍色、紫色、橙色、綠色和桃紅色五款，錢罌造型給人既實際又耐用的感覺，包裝盒構圖是熊貓捧着錢罌，十分可愛。錢幣入口槽在頂部，圓形膠蓋掩在底部。錢罌以脆膠製造，高 148 毫米，重 179 克。

周年紀念

銀行有時會因應周年紀念推出特別款式的錢罌，有些是有區域性或限量送贈特定客戶及員工，加上時代久遠及流傳不多，具一定的神秘感和吸引力。

❶

❶　東亞中國「Andox & Box」牛形公仔儲蓄罐

「Andox & Box」牛形公仔儲蓄罐是東亞（中國）十周年給予員工及 VIP 紀念禮品，並附有明信片，當中有這樣的介紹：「2017 年，東亞銀行（中國）有限公司（東亞中國）迎來十歲生日。感謝十年來，你一路與我們同心同行，共創輝煌。同是十周歲，同來自香港，同勤奮拼搏、追求卓越，因此我們選擇了由劉德華 Andy Lau 先生原創的『Andox & Box』安逗黑仔牛形公仔儲蓄罐作為東亞中國十周年慶的紀念禮。展望未來，我們將扎根中國，發揮集團綜合化、國際化優勢，立志成為最佳本土化的外資銀行。」

儲蓄罐以科學黏土製造，黑仔高 228 毫米，重 583 克。安逗高 200 毫米，重 469 克。

這裏可以放入照片

2 **東亞銀行 74 周年儲蓄錢箱**

東亞銀行為 74 周年推出的熊仔相架儲蓄錢箱結合儲蓄和相架功能。相框正面下方印有銀行商標和「74th Anniversary」，錢幣入口槽在熊仔頭上，圓形膠蓋掩在熊仔底部。儲蓄錢箱以金屬鑄造，高 85毫米，重 390 克。

3 **華聯銀行 50 周年錢罌**

華聯銀行為 50 周年推出的錢罌正面是銀行商標，背面鑄有「50th Anniversary 1949-1999」和「Overseas Union Bank」。錢幣入口槽在頂部，圓形膠蓋掩在底部。錢罌以白鑞製造，高 125 毫米，重 522 克。

4 **國華商業銀行 60 周年錢罌**

錢罌是銀行於 1998 年慶祝在香港開業60 年而推出的，造型是五疊中國銀行1994 年發行的一千元大鈔疊在一起，財氣過人！錢罌頂部印有「國華商業銀行香港分行建行 60 周年紀念」及銀行商標。錢幣入口槽在頂部，圓形膠蓋掩在底部。錢罌是瓷製，高 95 毫米，重349 克。

火車頭可跟以下三卡
車廂扣在一起

⑤

<u>5</u> **渣打銀行「150 周年紀念限量版夢想號列車」錢罌**

自 1960 年代開始,渣打銀行便與迪士尼合作推出迪士尼卡通肖像造型的
錢箱作為客戶禮品,成為不少客戶的共同回憶。2005 年香港迪士尼樂園
開幕,渣打銀行再度與迪士尼合作推出 My Dream Account 迎新精品贈予
客戶,於 2009 年推出「150 周年紀念限量版夢想號列車」錢罌。火車頭
錢罌寫有「My Dream Account」和小圓粒砌成的 2009 字樣,其他三卡
車廂亦為錢罌,正面和背面分別鑄有 150 周年、銀行名稱和商標。

錢罌以科學黏土製造,火車頭錢罌高 115 毫米,重 417 克。米奇錢罌高
163 毫米,重 440 克。米妮錢罌高 180 毫米,重 423 克。唐老鴨錢罌高
165 毫米,重 398 克。

其他銀行周年紀念品

在收藏銀行錢罌的征途上，筆者還遇上不少銀行周年紀念品，以下精選四件在設計造型上具有中國文化特色的藏品，非常精緻。

1. **廣東省銀行香港分行 60 周年瓷器擺件**

   古人挑着金錢和壽桃，在中國的傳統文化中，金錢寓意招財進寶、福在眼前。壽桃尖上紅色如仙桃，桃樹是多產的果樹，寓意延年益壽，生活富足。

2. **滙豐 150 周年金屬如意紙鎮**

   滙豐 150 周年特刊是這樣介紹的：「如意是中國傳統節杖，亦可反映出滙豐的優秀傳統和歷史價值。我們祝願本書讀者萬事如意！」

3. **南洋商業銀行 65 周年 (1949-2014) 琉璃如意擺件**

   底座上印有「傳承精彩 逐創輝煌」和「65 Years Anniversary」。

4. **香港美國銀行銀禧紀念金屬筆筒**

   飛龍盤於整個筆筒，筆筒上鑄有「香港美國銀行銀禧紀念 1959-1984」、「Bank of America Hong Kong 1959-1984」和銀行商標。

後記

楊維邦

　　收集古代錢罌的意念，全在於小時候在缸瓦攤檔見過放滿地上的小紅瓦豬錢罌。未幾，這種廉價的陶器停產，剩下來的只有在小孩心目中更單調的瓦鼓形錢罌。一直以來，這些瓦鼓形錢罌仍見生產，至近年才消失，之後陸續見到一些近年出土的古代錢罌（多屬漢代及宋代）。後來見識到龐貝遺址出土的歐洲古錢罌，發覺竟跟我們漢代出土的錢罌造型有相同之處，遂產生了好奇心，想弄明白兩者是否有所連繫。但收集舊物，不等同考古，一來並不具備考古的條件，二來很多知識都是從其他人考證的成果得來。如今將錢罌整理出版的目的，只是希望本書能作為一種通識資料，讓年輕人認識到中國人除了有大量各式各樣的近代儲錢罐，在二千年前已建立起儲蓄的良好習慣，形成一種風俗，在全國各地發展出不同花樣的錢罌。

　　這批錢罌的得來，全賴中國各地的陶瓷愛好者。他們或零碎地收集到個別的古錢罌，直至一天互聯網流行起來，才有機會把零散開來的收藏都匯聚在一起。本來收集錢罌時都有記錄出土的地方、年代等資料，但基於資料來源不可靠，便不打算在此下定論，把這部份留給有濃厚考古興趣的讀者自行發掘補充好了。在互聯網上，都時有專家發表他們的研究心得，圖文並茂，各地考古隊亦有發掘出具確實地點及年代的實物錢罌，拿來對比研究並不困難。在收集過程中，筆者發現了一些現象，可順帶一談。由於古錢罌大多出土自古墓，除了專門研究的人士，

國人收藏的興趣不大，除了出自名窰有釉色者，一般價格並不昂貴，因此假冒及仿品不多，較容易辨識真偽。初時由於訪尋的人不多，很多舊物店多把錢罌擊破，取出內裏銅錢來販賣，而愈接近近代的錢罌，反而愈難尋覓，因不值錢，存世品不多，一些生產年代接近清末的實物反而是從江河底打撈出來。到民國時期，這種庶民之物雖然多見，倒是由於太普通，少見記載，考證年代或其圖案意思時，需要費一番心思。

在數量不算眾多的一批古錢罌中，有較巨大的，也有特別細小的，像兒童玩具。早期造型甚簡單粗糙，花紋及裝飾不多，慢慢才出現釉色，亦開始有蓋及活門的設計，預示着錢罌由準備擊破到可以欣賞保留的階段邁進。

回到文首的問題，東西方早期的錢罌，到底有沒有交流或承傳關係呢？從貿易的角度來看，這是不足為奇的，貨物及錢財既然通過交易而廣傳，這種儲蓄器物得以仿效而製作也是很實在的推斷，相信隨着更多古錢罌的出土，這答案便會在大家面前浮現。

後記

鄭敏華

　　籌備出版本書期間，筆者曾發信多間銀行查詢相關錢罌資料。或許因為時代久遠，銀行儲保存的資料實在不多。在收藏銀行錢罌的征途上，筆者努力從方方面面了解其中的故事和意義，每遇上相關的物品，都會狂熱地買下來，包括鎖匙扣、襟章、雜誌、報章、擺件、紙鎮、利是封⋯⋯在拼貼這些看似零碎的資料時，就豁然開朗，從迷霧中看到當時的故事！

　　例如一期《良友畫報》，介紹了海外信託銀行在香港第二十九屆工展會舉辦的「世界兒童儲蓄撲滿展覽會」，推廣由童年開始儲蓄。展覽早於 1971 年 12 月 9 日舉行，展出費時經年從歐、美、亞三洲多個國家銀行蒐集得來的五百三十四個錢罌。這些撲滿被譽為表現各個地方的特點和有很高的藝術性，款式別致。當時港督麥理浩爵士於主持工展會開幕典禮後，在廠商會會長莊重文博士、行政局議員馮秉芬爵士等陪同下，巡視海外信託銀行攤位，該行董事長張明添，董事兼總經理曹耀等親自迎接，這場在工展會上舉辦的錢罌展覽實是難得的盛事。

　　又如一本由上海商業銀行於 1963 年印贈的「家庭日用帳」。封底內頁介紹銀行為學生設立的儲蓄存款獎學金，極具代表性！獎學金設立的目的是鼓勵學生求學，並自幼養成儲蓄美德，日用帳寫：「特設立學生儲蓄存款。需由學生以本人名義開立，十元即可開戶。凡存戶在上期或下期所得利息滿十元，而學業成績名列前十名，經學校證明者，得向本行領取與利息同額之獎學金。獎學金之最高額，每戶每期暫定為五百元。」內頁有手稿記錄了 1963 年 1 月至 1964 年 5 月的家庭開支，是深入民生的印記。

香港第二十九屆工展會上的「世界兒童
儲蓄撲滿展覽會」，展出五百多款錢罌。

《良友畫報》，第八期，1971 年 12 月，
頁 16 至 17。

上海商業銀行印贈的家庭日用
帳，既實用，又鼓勵學生到銀
行儲蓄。由此也可觀察到當時
的民生點滴。

中國銀行行徽鎖匙扣。中國銀行
行徽設計靈感源於中國古錢幣。

此外，眾多收藏中包括了十三個看似相同的中國銀行行徽鎖匙扣，它們見證了 2001 年中銀集團重組前香港的「中銀十三行」，鎖匙扣外圈刻有銀行中文、英文名稱，筆者由此開始了解中國銀行行徽的故事，進一步查找資料。中國銀行行徽由香港著名設計師靳埭強於 1980 年設計，靈感源於中國古錢幣，錢幣寓意銀行，「中」字型代表中國，外圍造型象徵着中行是一家具有全球視野的國際化企業。1986 年 12 月，中國銀行決定將該設計圖案作為行徽在全球使用，此後的中國銀行錢罌自然也會出現這個行徽。

在聯絡各銀行期間，適逢 2023 年 9 月 25 日舉行「中華人民共和國成立 74 周年暨陳嘉庚先生創辦集友銀行成立八十周年慶祝大會」。我懷着非常熱切的心情，並感到萬分榮幸地借出集友銀行儲蓄箱、兒童儲蓄單張和利是封，摯誠地祝賀集友銀行歷史文化館正式揭牌。集友銀行於 1960 年代專門聘請了留英兒童教育家，大力推廣「兒童儲蓄」和「婦女儲蓄」業務，當時在《兒童報》的宣傳廣告「儲蓄錢箱名貴精緻，種種式式任由選擇，港幣貳元即可開戶，每戶奉送兒童手冊」，構圖融合了小朋友和各款儲蓄箱，看上去極具吸引力。

在眾多錢罌之中，我尤其喜歡中資銀行的錢罌造型，天壇、座獅、大豐收孩童、彌勒佛、熊貓、小豬、小狗、小貓、小兔、母雞……相信是龍的傳人的一份自豪感！

本書所記錄的銀行錢罌故事，正是把多年來收集所得的一個個錢罌和相應舊物、單張、報章、包裝盒等，再加上個人的所觀所感，逐步慢慢拼成一幅比較完整的圖畫。

集友銀行在《兒童報》上刊登給
兒童看的儲蓄廣告,廣告上的
貓、馬、小屋等,都是集友銀行
推出的一系列錢罌款式。

《兒童報》,1961年9月9日,第
六版。

《兒童報》,第三十六期,1960年
10月29日,第一版。

《兒童報》,第三十七期,1960年
11月5日,第一版。

鳴謝 （排名按筆畫順序）

銀行

中國工商銀行　　　　渣打銀行

中國銀行　　　　　　華僑銀行

東亞銀行　　　　　　集友銀行

恒生銀行

個人

吳貴龍先生　　　　　莊慶輝先生

呂春年先生　　　　　馮堅明先生

岑偉倫先生　　　　　劉健雄先生

岑凱莉女士　　　　　潘穎峰先生

周若琦女士　　　　　魏美梅女士

袁少玲女士　　　　　嚴桂思先生

參考文獻

書籍

中國建設銀行（亞洲）、香港大學經濟及工商管理學院金融創新與發展研究中心：《香港華資銀行百年變遷：從廣東銀行到建行亞洲》（香港：中華書局（香港）有限公司，2016）。

何東：《中國海報藝術史：從十九世紀末到文化大革命》（香港：三聯書店，2023）。

陳國泰：《中國小玩意》（香港：三聯書店，2017）。

集友銀行：《家庭寶庫》（香港：香港集友銀行，1962）。

廈門國際銀行、集友銀行、華僑博物館編著：《陳嘉庚與集友銀行》（北京：中國華僑出版社，2023）。

楊維邦、莊慶輝：《香港玩具圖鑑》（香港：商務印書館（香港）有限公司，2017）。

聯合徵信所編：《上海金融業概覽》（上海：聯合徵信所，1947）。

嚴桂思：《香港銀行錢罌與儲蓄文化》（香港：明報出版社，2002）。

網上資料

"About UPC", Universal Postal Union. Retrieved Jan 16 2024, from https://www.upu.int/en/Universal-Postal-Union.

"All About Thumper", dadfordisney. Retrieved Jan 16 2024, from https://dadfordisney.com/2014/09/10/all-about-thumper/.

"Bank of America in Hong Kong", Bank of America. Retrieved Jan 16 2024, from https://business.bofa.com/hk/en/about-us.html.

"Eastern Bank Ltd (historic)", Wikipedia. Retrieved Jan 16 2024, from https://en.m.wikipedia.org/wiki/Eastern_Bank_Ltd_(historic).

"Explore our story, from 1865 today", HSBC website. Retrieved Jan 16 2024, from https://www.hsbc.com/who-we-are/our-history/history-timeline.

"HSBC LOGO", 1000logos, Jul 15 2022. Retrieved Jan 16 2024, from https://1000logos.net/hsbc-logo/

"Hsing-Hsing the Giant Panda Dies at Age 28 / He and Ling-Ling were gifts from Mao after Nixon's visit", *New York Times*, 29 Nov 1999. Retrieved Jan 16 2024, from https://shorturl.at/jINV9.

"Knickerbocker", Blue Ribbon Bears. Retrieved Jan 16, 2024 from http://www.blueribbonbears.com/knickerbocker.htm#:~:text=The%20Knickerbocker%20Toy%20Company%20was,the%20original%20Dutch%20settlers%20wore.

"The Eiffel Tower", Toureiffel.Paris. Retrieved Jan 16 2024, from https://www.toureiffel.paris/en/news.

「1956 年至 1965 年中郵會大事及活動簡錄」，中郵會大事及活動簡錄網站，http://www.cpa-hk.net/chin1/int/int1956-1965.htm，瀏覽日期：2024 年 1 月 16 日。

〈Citibank International 獲發有限制牌照銀行牌照〉，香港金融管理局網站，https://shorturl.at/nvzK9，1997 年 4 月 23 日，瀏覽日期：2024 年 1 月 16 日。

Elizabeth Anne Brown：〈為什麼這個新發現的北極熊亞族群如此特別？〉，國家地理網站，2022 年 6 月 27 日，https://www.natgeomedia.com/environment/article/content-15312.htmlzxab，瀏覽日期：2024 年 1 月 16 日。

Fleur Bainger：〈在野外什麼地方可追蹤袋鼠的足跡〉，australia.com，https://www.australia.com/zh-hk/things-to-do/wildlife/where-to-see-wild-kangaroos.html，瀏覽日期：2024 年 1 月 16 日。

Huctan：〈檳城的銀行業〉，「追古思今」博客，2007 年 3 月 14 日，https://huctan.blogspot.com/2007/03/beach-street-lebuh-pantaichartered-bank.html，瀏覽日期：2007 年 3 月 14 日。

〈The Aristocats〉，迪士尼經典動畫網站，https://disney.lovesakura.com/Text/c20.htm，瀏覽日期：2024 年 1 月 16 日。

UNESCO：「《世界遺產》雜誌 1996 年貝聿銘專訪回顧：遺產與時代」，2019 年 5 月 20 日，https://www.unesco.org/zh/articles/shijieyichanzazhi1996nianbeiyumingzhuanfanghuiguyichanyushidai，瀏覽日期：2024 年 1 月 16 日。

「十二生肖故事傳説」，中央政府門戶網站，2008 年 1 月 17 日，https://www.gov.cn/ztzl/08cjtbch/content_861356.htm，瀏覽日期：2024 年 1 月 16 日。

〈「三晉」布幣〉，中國國家博物館網站，https://www.chnmuseum.cn/zp/zpml/hb/202008/t20200824_247116.shtml，瀏覽日期：2024 年 5 月 28 日。

大眾銀行（香港）有限公司網站，https://www.publicbank.com.hk/tc/aboutus/profile，瀏覽日期：2024 年 1 月 16 日。

〈大覺寺的彌勒佛〉，北京市文物局，2018 年 12 月 21 日，https://wwj.beijing.gov.cn/bjww/wwjzzcslm/1731063/1731072/1731247/index.html，瀏覽日期：2024 年 1 月 17 日。

〈山地大猩猩自然保護區探秘 ——BBC 記者取經求教〉，BBC NEWS 中文，2022 年 6 月 27 日，https://www.bbc.com/zhongwen/trad/science-61910045，瀏覽日期：2024 年 1 月 16 日。

中央紀委監察部網站客戶端：〈【每日一字】家：千秋家國夢〉，中央紀委監察部網站 2017 年 9 月 6 日，https://m.ccdi.gov.cn/content/dd/6f/19611.html，瀏覽日期：2024 年 1 月 17 日。

〈中孚銀行廣告〉，《東方雜誌》，1917 年 14 卷第 6 期，引自「商務印書館民國期刊總輯全文數據庫」，http://dongfangzz.clcn.net.cn/detail/?id=uTjAU5s1yXg=，瀏覽日期：2024 年 1 月 16 日。

中國工商銀行：「中國工商銀行 2022 年業務綜述」，http://big5.icbc-ltd.com/column/1438058326469787926.html，瀏覽日期：2024 年 1 月 16 日。

中國工商銀行：「中國工商銀行經營綜述」，http://hk.icbc.com.cn/tc/column/1438058396351086657.html，瀏覽日期：2024 年 1 月 16 日。

中國工商銀行：「中國工商銀行簡史（1984-2014）」，http://big5.icbc-ltd.com/column/1438058326864052227.html，瀏覽日期：2024 年 1 月 16 日。

中國文化遺產研究院中國世界文化遺產中心：「中國的世界文化遺產名錄」，https://www.wochmoc.org.cn/channels/20.html，瀏覽日期：2024 年 1 月 16 日。

〈中國同萬國郵政聯盟關係〉，中華人民共和國外交部網站，https://shorturl.at/juFJ5，瀏覽日期：2024 年 1 月 16 日。

「中國風車轉動世界」，第六屆世界認可日網站，https://www.cnas.org.cn/rdzt/sjrkr2013/rzrkcmhmaljj/2013/06/739669.shtml，瀏覽日期：2024 年 1 月 16 日。

中國國家博物館，「禮和萬方：商周青銅鼎特展」，2021 年 9 月 14 日開展，https://m.chnmuseum.cn/portals/0/web/zt/202109lhwf/home/，瀏覽日期：2024 年 1 月 16 日。

中國郵學會，http://www.cpa-hk.net/index.htm，瀏覽日期：2019 年 7 月 31 日。

中國新聞網：〈「陳嘉庚先生創辦集友銀行 80 周年慶祝大會」在香港舉行〉，2023 年 9 月 25 日，https://m.chinanews.com/wap/detail/zw/dwq/2023/09-25/10084293.shtml，瀏覽日期：2024 年 1 月 16 日。

〈五子彌勒「五子」代表什麼？〉，《每日頭條》，2016 年 8 月 27 日，https://kknews.cc/zh-hk/culture/k28plq.html，瀏覽日期：2024 年 1 月 17 日。

「公司概況：四行兩局」，大眾銀行（香港）有限公司網站，https://www.publicbank.com.hk/tc/aboutus/profile，瀏覽日期：2013 年 8 月 12 日。

天津藝術職業學院：〈「踏尋先輩足跡，弘揚愛國精神」── 舞美技術系主題團日活動〉，2021 年 5 月 20 日，http://arttj.cn/page/default.asp?pageID=46&ID=297756，瀏覽日期：2024 年 1 月 18 日。

「天鵝：（鳥綱動物）」，中文百科，https://www.newton.com.tw/wiki/%E5%A4%A9%E9%B5%9D，瀏覽日期：2024 年 1 月 16 日。

「太和殿」，故宮博物館，https://www.dpm.org.cn/explore/building/236465.html，瀏覽日期：2024 年 1 月 17 日。

〈王冬勝：港金融基建遠勝回歸前〉，《文匯報》，https://dw-media.tkww.hk/epaper/wwp/20220627/a08-0627.pdf，2022 年 6 月 27 日，瀏覽日期：2024 年 1 月 16 日。

王倫：〈大熊貓為什麼是國寶？〉，《人民網：人民日報海外版》，2021 年 10 月 12 日，http://sn.people.com.cn/BIG5/n2/2021/1012/c378296-34951770.html，瀏覽日期：2024 年 1 月 16 日。

〈世界大象日 ── 關注非洲象〉，文匯網，2022 年 8 月 12 日，https://www.wenweipo.com/a/202208/12/AP62f5e71be4b033218a5cdc85.html，瀏覽日期：2024 年 1 月 16 日。

「世界文化遺產 ── 天壇」，中國政府網，2006 年 3 月 29 日，https://www.gov.cn/test/2006-03/29/content_239071.htm，瀏覽日期：2024 年 1 月 16 日。

「世界獅子日」，Planet Health Check，https://planethealthcheck.com/zh/events/%E4%B8
%96%E7%95%8C%E7%8B%AE%E5%AD%90%E6%97%A5/，瀏覽日期：2024 年 1 月 17
日。

〈北京故宮深秋美，紫禁城裏神獸多〉，《每日頭條》，2017 年 11 月 19 日，https://
kknews.cc/culture/bk6qakm.html，瀏覽日期：2024 年 1 月 17 日。

尼克‧霍蘭德：〈保育專家如何幫助世上最後兩隻雌性北方白犀牛繁殖〉，2021 年 7
月 5 日，https://www.bbc.com/zhongwen/trad/science-57694738，瀏覽日期：2024
年 1 月 17 日。

「伊斯蘭教」，中華人民共和國中央人民政府網，https://www.gov.cn/
guoqing/2005-09/13/content_2582719.htm，瀏覽日期：2024 年 1 月 16 日。

伍弱文：〈茶話：存活在對聯中的古蹟〉，人民網，2013 年 1 月 23 日，http://cpc.
people.com.cn/pinglun/n/2013/0123/c78779-20294155.html。

「全球協作」，香港郵政，https://www.hongkongpost.hk/tc/about_us/corp_info/
publications/annual/2011_12/globally/index.html，瀏覽日期：2024 年 1 月 16 日。

「列明物種」，漁農自然護理署，https://www.afcd.gov.hk/tc_chi/conservation/con_end/
con_end_reg/con_end_reg_some/con_end_reg_some_new.html，瀏覽日期：2024 年
1 月 17 日。

「吉隆坡金融有限公司」，Company Search，https://shorturl.at/DFIV2，瀏覽日期：2024
年 1 月 16 日。

〈回歸 25 年大事記｜1998：迎戰亞洲金融風暴　香港國際機場啟用〉，《文
匯網》，2022 年 6 月 2 日，https://www.wenweipo.com/a/202206/02/
AP6298227fe4b033218a4feb55.html，瀏覽日期：2024 年 1 月 16 日。

安東尼‧瑞德：〈《帝國煉金術》：華人支配經濟引民怨？為何印尼與馬來西亞都曾爆
發「五月暴動」〉，關鍵評論，https://www.thenewslens.com/article/179467，2023
年 1 月 12 日。

「有利銀行」，維基百科，https://t.ly/SMkBX，瀏覽日期：2024 年 1 月 16 日。

「老虎」，世界自然基金會香港分會，https://shorturl.at/IV248，瀏覽日期：2024 年 1
月 17 日。

〈血的教訓｜連串銀行擠提事件 促成本港存款保障制度〉，Finance 730，2022 年 7 月
24 日，https://finance730.com.hk/2022/07/24/，瀏覽日期：2024 年 1 月 16 日。

〈你明白祖先定十二生肖的含意嗎？〉，中國新聞網，2019 年 11 月 4 日，https://
www.chinanews.com.cn/hb/news/2009/11-04/1947679.shtml，瀏覽日期：2024 年 1
月 16 日。

〈形形色色的唐長沙窯撲滿〉，2014 年 4 月 24 日，《收藏》雜誌，新浪收藏‧鑑藏知
識，https://collection.sina.com.cn/jczs/20140424/1751150080.shtml，瀏覽日期：
2024 年 5 月 25 日。

〈更明亮更顯眼！渣打銀行 Standard Chartered 啟用新 LOGO〉，品牌癮，https://
shorturl.at/alpI1，瀏覽日期：2024 年 1 月 16 日。

李一翔:〈驚驚驚！骨牌效應一觸即發:中法實業銀行停業風波述評(上)〉,搜狐,https://www.sohu.com/a/521994117_121124391,瀏覽日期:2024 年 1 月 16 日。

「來波蘭城堡和宮殿」,波蘭旅遊局,https://shorturl.at/hxS45,瀏覽日期:2024 年 1 月 16 日。

〈《周易》自古為取名者所重視,乾隆、陶淵明等的名字有這些意義〉,《北京晚報》,《京報網》,https://news.bjd.com.cn/2021/12/22/10021205.shtml,2021 年 10 月 22 日。

〈周恩來 17 歲時的第一篇書信作文〉,《天津日報》人民網,2013 年 8 月 12 日,http://politics.people.com.cn/n/2013/0812/c70731-22530033-5.html,瀏覽日期:2024 年 1 月 18 日。

尚力:〈恐龍滅絕之謎:隕星撞地球 火山爆發 氣候變化 〉,光明網,中國氣象局網苫,2012 年 9 月 26 日,https://www.cma.gov.cn/2011xwzx/2011xqhbh/2011xdtxx/201209/t20120926_186192.html,瀏覽日期:2024 年 1 月 16 日。

「《東方雜誌》簡介」,引自「商務印書館民國期刊總輯全文數據庫」,http://dongfangzz.clcn.net.cn/Home/AboutTEM,瀏覽日期:2024 年 1 月 16 日。

「青銅鎏金佛塔」,國立故宮博物院,https://digitalarchive.npm.gov.tw/Antique/Content?uid=2624&Dept=U,瀏覽日期:2024 年 1 月 16 日。

〈保育瀕臨絕種生物豎琴蛙 興大聽音監測 〉,中時新聞網,2021 年 11 月 19 日,https://www.chinatimes.com/realtimenews/20211119004113-260405?chdtv,瀏覽日期:2024 年 1 月 16 日。

〈南通銀行正名為中國銀行澳門分行〉,中國銀行網站,https://shorturl.at/abMOW,瀏覽日期:2024 年 1 月 16 口。

「祈年殿」,中國文化研究院,https://chiculture.org.hk/tc/search?category=All&sortType=all&keywords= 祈年殿,瀏覽日期:2024 年 1 月 16 日。

〈【科學講堂】松鼠冬眠多學問 不吃不喝不簡單〉,《文匯網》,2023 年 4 月 27 日,https://www.wenweipo.com/a/202304/27/AP64498bd3e4b08b8491473474.html,瀏覽日期:2024 年 1 月 17 日。

〈美國銀行〉,中國人民銀行網站,2008 年 5 月 26 日,http://www.pbc.gov.cn/goujisi/144449/144490/144544/144649/2834969/index.html,瀏覽日期:2024 年 5 月 25 日。

〈美國銀行新 logo 〉,搜狐,2018 年 11 月 23 日,https://www.sohu.com/a/277405128_100105130,瀏覽日期:2024 年 5 月 25 日。

「香港上海滙豐銀行」,維基百科,https://shorturl.at/jETZ0,瀏覽日期:2024 年 1 月 16 日。

「香港分行簡介」,中國農業銀行網站:https://www.hk.abchina.com/zt/aboutus/branch_profile/201211/t20121129_315410.htm,瀏覽日期:2024 年 5 月 25 日。

香港特別行政區政府新聞公布,〈行政長官在集友銀行 80 周年誌慶酒會致辭〉,
　　https://www.info.gov.hk/gia/general/202309/25/P2023092500256.htm,2023 年 9 月
　　25 日,行政長官在集友銀行 80 周年誌慶酒會致辭,瀏覽日期:2024 年 1 月 16 日。

〈香港郵政邀請小朋友給聖誕老人寫信〉,香港特別行政區政府新聞公報,https://
　　www.info.gov.hk/gia/general/200710/11/P200710110107.htm,2007 年 7 月 11 日。

〈香港寶生銀行創始人張錫榮〉,《大公網》,2017 年 11 月 22 日,http://www.
　　takungpao.com.hk/finance/text/2017/1122/127977.html,瀏覽日期:2024 年 1 月 16
　　日。

〈唐代長沙窯撲滿「回家」為目前國內僅見　系研究湖南佛教史重要證物〉,湖南省人
　　民政府門戶網站,2018 年 1 月 9 日,https://www.hunan.gov.cn/hnyw/jdt2/201801/
　　t20180109_4921711.html,瀏覽日期:2024 年 5 月 25 日。

「浙江第一商業銀行 —— 中山中路 193-3 號」,杭州文史研究會,2017 年 3 月 6 日,
　　https://hangchow.org/index.php/base/news_show/cid/1362,瀏覽日期:2024 年 1 月
　　16 日。

「海南坡鹿」,嘉道理農場暨植物園網站,https://www.kfbg.org/tc/fauna-conservation/
　　hainan-elds-deer,瀏覽日期:2024 年 1 月 17 日。

〈高腳屋為什麼要建那麼高?「牛角屋」你又有聽過嗎?〉,《換日線》,https://
　　crossing.cw.com.tw/article/11493,瀏覽日期:2024 年 1 月 16 日。

「國民商業儲蓄銀行」,維基百科,https://t.ly/VKFRN,瀏覽日期:2024 年 1 月 16 日。

〈培養好兒童,代表來支招〉,《人民日報》,2023 年 6 月 8 日,http://sd.people.com.
　　cn/BIG5/n2/2023/0608/c166194-40449043.html,瀏覽日期:2024 年 5 月 25 日。

張吾愚:〈現代金融史上的女子銀行〉,深圳新聞網 ,https://www.sznews.com/
　　banking/content/mb/2017-07/11/content_16689290.htm,2017 年 7 月 11 日。

陳政宏:〈鯉魚如何躍龍門 - 水中生物的推進法〉,《科學發展》,2002 年 12 月,
　　360 期,https://ejournal.stpi.narl.org.tw/sd/download?source=9112/9112-09.
　　pdf&vlld=69306958-66D9-41E2-8C64-0B12236BF8F1&nd=0&ds=0,瀏覽日期:2024
　　年 5 月 25 日。

陳凱:〈民國初直隸救國儲金團成立始末〉,《人民政協報》,中國新聞網,https://
　　www.chinanews.com.cn/cul/2011/05-05/3018211.shtml,2011 年 5 月 5 日,瀏覽日
　　期:2024 年 1 月 16 日。

「魚尾獅公園」,新加坡心想獅城網站,https://www.visitsingapore.com.cn/see-do-
　　singapore/recreation-leisure/viewpoints/merlion-park/,瀏覽日期:2024 年 5 月 25
　　日。

黃文生:〈「南海一號」發掘階段結束　逾 18 萬件南宋文物亮相〉,《廣州日報》,
　　2022 年 3 月 25 日,https://t.ly/fhyFs,瀏覽日期:2024 年 1 月 16 日。

〈富邦提每股五元私有化〉,「大公經濟」,《大公報》,2011 年 1 月 11 日,https://dw-
　　media.tkww.hk/epaper/tkp/20110111/B1_Screen.pdf,瀏覽日期:2024 年 5 月 25 日。

〈港基銀行背景〉,《亞洲週刊》,2003 年 38 期,2003 年 9 月 15 日至 9 月 21 日,https://shorturl.at/lWq6Q,瀏覽日期:2024 年 5 月 25 日。

〈發掘大坑舞火龍幕後故事〉,香港旅遊發展局,https://www.discoverhongkong.com/hk-tc/explore/culture/experience-hong-kong-tai-hang-fire-dragon-dance.html,瀏覽日期:2024 年 1 月 16 日。

紫荊雜誌社:〈「陳嘉庚先生創辦集友銀行　80 周年慶祝大會」在港舉辦〉,2023 年 9 月 25 日,https://bau.com.hk/article/2023-09/25/content_1156005869615022080.html,瀏覽日期:2024 年 1 月 16 日。

〈紫禁城太和殿門前石獅子的自述〉,《每日頭條》,2017 年 4 月 13 日,https://kknews.cc/history/nxrvg4g.html,瀏覽日期:2024 年 1 月 17 日。

華思齊:〈香港回歸 25 周年:中央送國寶　大熊貓萌襲香港〉,《當代中國》,2022 年 6 月 17 日,https://www.ourchinastory.com/zh/amp/4179,瀏覽日期:2024 年 1 月 16 日。

「郵政儲金匯業局」,中文百科,https://t.ly/9Vi-c,瀏覽日期:2013 年 8 月 12 日。

「集團簡介」,上海商業銀行網站,https://www.shacombank.com.hk/tch/about/profile/profile.jsp,瀏覽日期:2024 年 1 月 16 日。

〈雲賞乾坤｜銀行博物館「精品掌上看」之珍奇撲滿(上)〉,上海市銀行博物館,2022 年 8 月 27 日,https://m.thepaper.cn/newsDetail_forward_19625780,瀏覽日期:2024 年 1 月 18 日。

新華每日電訊:〈窯火千秋:景德鎮的光輝歲月〉,2021 年 1 月 8 日,https://xhpfmapi.zhongguowangshi.com/vh512/share/9678811?isview=1&homeshow=1&newstype=1001,瀏覽日期:2024 年 1 月 16 日。

〈溫故知新:十二生肖　先到先得〉,《文匯報》,2018 年 2 月 14 日,http://paper.wenweipo.com/2018/02/14/ED1802140016.htm,瀏覽日期:2024 年 1 月 16 日。

〈滙豐和六國徽章:追溯我們的標識,從最初簡單的紅白公司旗到全球品牌標誌的演變之旅〉,滙豐歷史網站,https://history.hsbc.com/exhibitions/hsbc-and-the-hexagon,瀏覽日期:2024 年 5 月 25 日。

〈滙豐紅白標誌 1983 年先誕生!大家對舊標誌又有無印象?〉,《香港經濟日報》,2022 年 4 月 12 日,https://shorturl.at/yfH9N,瀏覽日期:2024 年 5 月 25 日。

「經營者的話」,上海商業儲蓄銀行網站,https://www.scsb.com.tw/content/about/about01.html,瀏覽日期:2024 年 1 月 16 日。

〈萬國郵政聯盟〉,中華人民共和國常駐聯合國日內瓦辦事處和瑞士其他國際組織代表團網站,2020 年 7 月 23 日,https://shorturl.at/pKNP5,瀏覽日期:2024 年 1 月 16 日。

〈萬國寶通:審批高層好壞參半〉,《文匯報》,2000 年 12 月 15 日,http://paper.wenweipo.com/2000/12/15/FI0012150008.htm,瀏覽日期:2024 年 1 月 16 日。

〈「萬興利像個大家庭」　離別 18 年後　前員工銘記於心〉,《光華網》,2018 年 3 月 11 日,https://t.ly/UTGGo,瀏覽日期:2024 年 1 月 16 日。

〈萬興利銀行後人葉柳影　開拓荒山建豪華民宿〉,《光明日報》,2008 年 7 月 28 日,https://shorturl.at/crzR4,瀏覽日期:2024 年 1 月 16 日。

〈道中華|源於古印度的「玲瓏寶塔」,如何演變為中國文化的象徵物?〉,中國民族教綱,2023 年 2 月 14 日,http://www.mzb.com.cn/html/report/23021379-1.htm,瀏覽日期:2024 年 1 月 16 日。

《福祿壽》(總本),故宮博物館,https://www.dpm.org.cn/ancient/text/148760.html,瀏覽日期:2024 年 1 月 17 日。

綠色和平:〈海龜為什麼要吃塑膠袋?　6 個海龜冷知識題目大解密〉,綠色和平網站,2020 年 6 月 16 日,https://shorturl.at/dgxBZ,瀏覽日期:2024 年 1 月 16 日。

「綠海龜」,香港海洋公園網站,https://shorturl.at/imrHZ,瀏覽日期:2024 年 1 月 16 日。

〈與香港共成長|東亞銀行　植根香港　跨越百年　與香港邁步前進〉,《星島頭條》,2023 年 2 月 20 日,瀏覽日期:2024 年 1 月 16 日。

「舞獅」,香港非物質文化遺產資料庫,https://www.hkichdb.gov.hk/zht/item.html?6fd6198d-db4e-467c-aa9a-fb882d641985,瀏覽日期:2024 年 1 月 17 日。

〈撲滿達人劉光斌解說合眾銀行撲滿〉,《很角色時報》網站,https://www.taidaily.com/2019/exhibition/342953/,瀏覽日期:2019 年 7 月 31 日。

蔡小軍:〈中華銀行之簡史〉,上海陽明拍賣有限公司,2016 年 7 月 27 日,http://www.yangmingauction.com/culturedetail.html?id=211,瀏覽日期:2024 年 1 月 16 日。

「歷史博物館展覽　介紹中國科舉制度」,香港特別行政區新聞公報,2011 年 11 月 8 日,https://www.info.gov.hk/gia/general/201111/08/P201111080256.htm,瀏覽日期:2024 年 1 月 16 日。

澳新銀行香港網站,https://www.anz.com/institutional/global/hong-kong/zh-hant/,瀏覽日期:2024 年 1 月 16 日。

「錢罌逐格看」,https://hk.history.museum/documents/Collections-and-Services/Resources/Teaching-Kits/exam_2012mar15_card.pdf,瀏覽日期:2024 年 1 月 16 日。

「薪火系列:中國銀行 110 周年特刊」,第一財經網站,https://www.yicai.com/topic/101297693,瀏覽日期:2024 年 1 月 16 日。

〈彝文:五穀豐登,六畜興旺〉,中國民族文化資源庫,http://www.minwang.com.cn/eportal/ui?pageId=595416&articleKey=764042&columnId=614659,2019 年 8 月 13 日。

〈關於大象,這些知識值得了解〉,新華每日電訊,2022 年 8 月 15 日,http://www.xinhuanet.com/mrdx/2022-08/15/c_1310652640.htm,瀏覽日期:2024 年 1 月 16 日。

〈鑑往知來,跟隨總書記學史|陶韻傳千年,瓷路行萬里〉,央視網,10 月 11 日,https://news.cctv.com/2023/10/12/ARTIIV8x84p1PXVhrLcvmu9q231012.shtml,瀏覽日期:2024 年 1 月 16 日。

雜誌、特刊、期刊及其他

Bank of Credit and Commerce International, Staff Handbook, Bank of Credit and Commerce Hong Kong Limited, November 1989.

上海商業銀行有限公司家庭日用帳，1963 年

《工商日報》，1968 年 5 月 31 日。

中國工商銀行「奉茶吉祥」介紹單張。

中國建設銀行（亞洲）105 週年紀念銀章，中國金幣總公司屬下中國長城硬幣投資有限公司監製，深圳國寶造幣有限公司製造。

中國銀行：《中國銀行 110 周年特刊，薪火系列 ── 初心不改 再啟新航》，2022 年。

《快報》，1968 年 10 月 21 日。

《良友畫報》，第八期，1971 年 12 月份。

《兒童報》，第三十六期，1960 年 10 月 29 日。

《兒童報》，第三十七期，1960 年 11 月 5 日。

《兒童報》，1961 年 9 月 9 日。

《兒童報》，第九十一期，1961 年 11 月 18 日。

《和路迪斯尼畫刊》，1966 年 1 月。

東亞中國十周年慶明信片：「東亞同行，十年有你」。

《青年香港》，第五卷，第十期，1964 年 10 月。

恒生銀行鰂魚涌分行書簽

《星島日報》，1974 年 6 月 18 日。

《迪斯尼卡通畫刊：米老鼠》，第二十期。

《迪斯尼卡通畫刊：米老鼠》，第二十一期。

香港歷史博物館：《錢莊到現代銀行：滬港銀行業發展》，「從錢莊到「現代銀行：滬港銀行業發展」展覽刊物，展覽日期：2007 年 11 月 28 日至 2008 年 3 月 24 日。

渣打銀行書型儲蓄箱介紹單張。

《郵光》，第十一卷，第二期，1960 年 6 月 20 日。

集友銀行兒童儲蓄介紹單張。

滙豐銀行：《滙聚風采 150 年：香港上海滙豐銀行有限公司 150 周年特刊》，2015 年。

萬興利銀行魚生錢罌包裝盒。

謝忠強：〈1915 年上海民眾反對《二十一條》鬥爭述略〉，《電子科技大學學報》（社科版），2013 年 6 月，第十五卷第三期。

銀行錢罌索引 （銀行名稱按筆畫排序）

銀行	錢罌		出現章節	頁數
中華商業儲蓄銀行	儲蓄盒		乾坤寶盒	64
中華國寶銀行	書本儲蓄盒		開卷有益	72
中華勤工銀行	儲蓄盒（手挽）		乾坤寶盒	61
	儲蓄盒		乾坤寶盒	61
北陸銀行	熊貓貯金箱		國寶熊貓	90
	動物貯金箱		奇妙卡通	168
	大象　　　　　　海獅 老虎船長　　　　樹熊 松鼠工匠　　　　獅子柔道教練 狗狗交通員　　　袋鼠郵差 海豚			
永亨銀行	豬先生錢罌		六畜興旺	112
	積木錢罌		妙趣童真	172
永隆銀行	守護雄獅錢罌		百獸珍禽	122
	老爺車錢罌		妙趣童真	175
	1997 古董車錢罌		妙趣童真	176
合眾銀行	清真寺錢罌		經典建築	84
	傳統馬來屋錢罌（I）		經典建築	84
	傳統馬來屋錢罌（II）		經典建築	85
	合眾銀行總行大廈錢罌		經典建築	85
	寶塔錢罌		經典建築	86
	牛拉車錢罌		六畜興旺	105
	守護雄獅錢罌		百獸珍禽	123
	舞獅錢罌		百獸珍禽	123
	鯉躍龍門錢罌		百獸珍禽	135
	騰龍吐珠錢罌		百獸珍禽	142
	帆船錢罌		妙趣童真	178
	果籃錢罌		妙趣童真	196
吉隆坡金融有限公司	熊貓錢罌		國寶熊貓	90
和光証券	熊貓貯金箱		國寶熊貓	90
東亞銀行 / 東亞中國	熊貓儲蓄錢箱		國寶熊貓	90
	賓尼兔音樂儲蓄錢箱		奇妙卡通	160
	兔寶寶時鐘儲蓄錢箱		奇妙卡通	161
	夾萬儲蓄錢箱		妙趣童真	173
	屋形儲蓄錢箱		妙趣童真	198
	「Andox & Box」牛形公仔儲蓄罐		周年紀念	202
	74 周年儲蓄錢箱		周年紀念	203
法國東方匯理銀行	駿馬錢罌		六畜興旺	103
法國國家工商銀行	夾萬錢罌		妙趣童真	173
法國國家巴黎銀行 / 法國巴黎銀行	巴黎鐵塔錢罌		經典建築	78
	貴婦狗錢罌		六畜興旺	110
	筆筒錢罌		妙趣童真	172
	積木錢罌		妙趣童真	172

銀行	錢罌	出現章節	頁數
	馬頭錢罌（1990 馬年）	十二生肖	96
	「飛馬得勝」錢罌	六畜興旺	103
	馬車錢罌	六畜興旺	103
	綿羊錢罌	六畜興旺	106
	狼狗錢罌	六畜興旺	110
	南獅頭錢罌	百獸珍禽	123
	獅子錢罌	百獸珍禽	124
	大象錢罌	百獸珍禽	128
	熊錢罌	百獸珍禽	129
	松鼠錢罌	百獸珍禽	131
	企鵝錢罌	百獸珍禽	131
	北極熊錢罌	百獸珍禽	132
	小貓錢罌	百獸珍禽	133
	金魚錢罌	百獸珍禽	135
	天鵝錢罌	百獸珍禽	137
	貓頭鷹錢罌	百獸珍禽	139
	聖誕老人錢罌（單汽球）	風雲人物	144
	聖誕老人錢罌（雙汽球）	風雲人物	144
恒生銀行	聖誕老人錢罌	風雲人物	145
	彌勒佛錢罌	風雲人物	147
	財神錢罌	風雲人物	149
	福祿壽三星錢罌（白鑞大商標）	風雲人物	150
	福祿壽三星錢罌（金色大商標）	風雲人物	150
	福祿壽三星錢罌（金色細商標）	風雲人物	150
	強積金大使錢罌	奇妙卡通	162
	蒸汽火車頭錢罌	妙趣童真	175
	墨西哥少年錢罌	妙趣童真	180
	聯乘海洋公園「大嘜鯊魚」、「威威海獅」錢罌	妙趣童真	188
	「智多 Kid」豬仔錢罌	妙趣童真	193
	「智多 Kid」錢罌	妙趣童真	193
	武士錢罌	妙趣童真	193
	金錠錢罌	妙趣童真	194
	座枱鐘錢罌	妙趣童真	194
	鋼琴錢罌	妙趣童真	195
	貴婦錢罌	妙趣童真	195
	恒生人壽漢堡包小屋錢罌	妙趣童真	199
	恒生人壽小熊玩具箱錢罌	妙趣童真	199
星展銀行	電子夾萬錢罌	妙趣童真	174
美國大通銀行	河馬錢罌	百獸珍禽	137
美國國際商業銀行	小丑錢罌	妙趣童真	182
	綠海龜錢罌	妙趣童真	186

銀行	錢罌		出現章節	頁數
國華商業銀行	60 周年錢罌		周年紀念	203
國際商業信貸銀行	財源滾滾錢罌		六畜興旺	109
	三陽開泰錢罌		豐收之樂	119
崇僑銀行	肥豬錢罌（金屬）		六畜興旺	114
	肥豬錢罌（厚膠）		六畜興旺	114
	大象錢罌		百獸珍禽	128
	猩猩錢罌		百獸珍禽	130
	松鼠錢罌（厚膠）		百獸珍禽	131
	松鼠錢罌（金屬）		百獸珍禽	131
	北極熊錢罌		百獸珍禽	132
	袋鼠媽媽錢罌（厚膠）		百獸珍禽	132
	袋鼠媽媽錢罌（金屬）		百獸珍禽	133
	犀牛錢罌（金屬）		百獸珍禽	138
	犀牛錢罌（厚膠）		百獸珍禽	138
	青蛙錢罌		百獸珍禽	139
	駱駝錢罌（金屬）		百獸珍禽	141
	駱駝錢罌（厚膠）		百獸珍禽	141
	雷龍錢罌		百獸珍禽	141
	夾萬錢罌		妙趣童真	174
	運財童子錢罌（一對）		妙趣童真	181
救國儲金團	儲金救國儲蓄罐		古韻猶存	55
荷蘭銀行	駿馬錢罌		六畜興旺	104
創興銀行	紙包飲品錢罌		妙趣童真	185
富士銀行	熊貓貯金箱		國寶熊貓	90
	超人貯金箱		奇妙卡通	168
	「1980 莫斯科奧運會俄羅斯棕熊 Misha」貯金箱		奇妙卡通	168
	樹熊貯金箱		奇妙卡通	168
	小型人物貯金箱		妙趣童真	183
	西班牙武士	猶太少年		
	印度王子	日本祭典舞者		
	日本交通督導員	義大利警察		
	愛斯基摩獵人	日本奧運代表		
	愛爾蘭士兵	英國御林軍		
	夏威夷大使	日本太空人		
	墨西哥少年	希臘運動家		
	日本探險人	非洲土著		
	動物貯金箱		妙趣童真	186
	狗	豬		
	牛	袋鼠		
	象	企鵝		
	獅子	猩猩		
	鱷魚	熊		
	鯨魚	龜		
	小兔	蟹		
富通保險有限公司	人民幣錢罌		妙趣童真	201

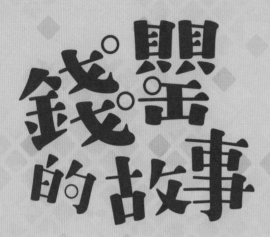

錢罌的故事

楊維邦　鄭敏華 著

責任編輯　白靜薇　　　　**排版**　Viann Chan、簡雋盈

裝幀設計　簡雋盈　　　　**印務**　劉漢舉

出版

中華書局（香港）有限公司

香港北角英皇道 499 號北角工業大廈 1 樓 B

電話：（852）2137 2338

傳真：（852）2713 8202

電子郵件：info@chunghwabook.com.hk

網址：http://www.chunghwabook.com.hk

發行

香港聯合書刊物流有限公司

香港新界荃灣德士古道 200 - 248 號

荃灣工業中心 16 樓

電話：（852）2150 2100

傳真：（852）2407 3062

電子郵件：info@suplogistics.com.hk

印刷

新精明印務有限公司

香港香港仔大道 232 號城都工業大廈 10 樓

版次

2024 年 7 月初版

©2024 中華書局（香港）有限公司

規格

16 開（230mm x 170mm）

ISBN

978-988-8862-12-2